JN315208

帝都妖怪新聞

湯本豪一＝編

角川文庫
16904

はじめに

絵巻や錦絵の中で彩色を施されて生き生きと跳梁する妖怪たちは、見る人を圧倒するインパクトのある存在だ。絵巻や錦絵のほかにも版本、瓦版などにも妖怪は数多く登場しており、江戸時代はまさに妖怪ワンダーランドといった観がある。根強い迷信や因習も妖怪たちの肥沃な大地となっていたのだろう。当時の人たちが闇と隣りあわせで生活していたことも見逃せない。昼間は何気なく通った道や農作業をしていた田畑も日が落ちると闇に包まれる。家の中でも照明器具といえばほの暗い行灯《あんどん》だけで、周りをわずかに照らしているだけにすぎない。普段見慣れた場所も人が足を踏み入れることを拒絶するかのように闇が広がり、そのなかに何か知られざる別世界があるような感覚さえ抱かせるようなことも普通にあったに違いない。

こうした状況が劇的に変じるのが近代国家として歩みだした明治時代のことである。官民挙げて文明開化が声高に叫ばれ、欧米からの科学技術を貪欲に取り入れて急速に社会を変えていった。そして、メディアの発達も近代社会が生み出した象徴的事象といえる。その代表格が新聞で、全国各地に幾多の新聞が創刊されて情報を発信していった。その印刷も欧米からもたらされた最新の機械で行われ、前時代の木版による手仕事的印刷とは比較にならない部数を一挙に刷り上げて、同時に大量の同じ情報を、多くの読者に提供していくシステムを作り出していったのである。その大量の情報の中に怪異に関する幾多の出来事も埋もれているのである。

科学的思考が広まり、近代社会が成立していった明治という時代に、ましてや近代社会の象徴ともいえる新聞の中に非科学的旧幕時代の怪異や妖怪情報が混在していることに違和感を持つ人も少なくないと思われるが、実際は江戸時代から連綿と引き継がれた妖怪譚から明治という時代ならではの怪異まで、多種多様な出来事が記録されているのである。その中には、一面に大きな絵を添えて大々的事件として扱っているようなケースさえあり、度肝を抜かれた読者の驚きの顔が容易に想像できる。さらには海外からのさまざまな怪異情報も多々含まれており、読者は見たことも聞いたこともない遠い遠い異国の地の不思議な話に心躍らせることもあったに違いない。

新聞には、一方的に情報を提供するだけでなく、読者から投稿された怪異譚を掲載するなど双方向の情報交換がみられるが、これも新聞が情報の集積と情報発信にいかに大きな影響を持っていたのかを如実に物語っている。絵巻や錦絵のような派手さはないものの、情報の広がりという視点からすると新聞の怪異記事は江戸時代を凌駕《りょうが》する怪異世界を展開していたのだ。それは現代の情報社会に直結する事象でもあり、今日的意義も内包しているといえよう。

明治時代の新聞に記録された数々の怪異記事から、江戸時代とは違ったもう一つの不思議な世界にトリップしていただければ幸いである。

編者識

二〇一一年六月

帝都妖怪新聞

目次

幻獣

兆し

動植物の奇談

妖怪天国

■コラム

＊本書は、明治時代の新聞記事を現代語に訳して掲載し、出典を各記事の末尾に示した。
＊記事は、読みやすいように適宜句読点や改行をほどこし、尺貫法はメートル法に換算して記した。
＊図版は、当時のものをそのまま掲載した。
＊記事で意味の取れないものについては、（原文ママ）と傍記した。
＊本文に登場する地名については、現在地名がほぼ特定できたものについてのみ（　）で記した。

幻獣

怪物が馬をひと呑み

アメリカの砂漠、四方に限りない広野を、一人の旅人が馬に乗り、夕方、宿屋のある方に見える火の光を目印に駆けていた。そのとき、突然、尾の長い奇妙な物が、地面から、ぬっと起き上がって、変な声で高く吼えた。旅人が驚いて震え上がると、その怪物はいきなり馬を捕らえようとした。馬はその声を聞いて気絶したようになっていたが、ようやく落ち着いて目を開き、四方を見廻して走ろうとしたとき、旅人が驚きながら怖々とこの怪物を一目見た。するとその動きの速いことは普通ではなく、走ったり、腹ばいになったりし、形は半分は蛇《じゃ》、半分は獣のような、大きく太った虫であった。

旅人が馬に鞭をあてて逃げようとすると、馬もおどりあがって砂を蹴散らして駆けたが、毒気をかけられて倒れてしまい、旅人は馬を捨てて逃げ去った。怪物は馬の倒れたのを見て走るのをやめ、遠くからうかがうようにして、親猫が子猫と遊び戯れるように、馬をもてあそんだ。

その姿形は、よく見るとさながらイモリの体で、伸び上がった高さは二・四メートルほど、走る力の源は尾にあるようで、尾の長さは三〇メートルを下らず、体は少なくとも一二メートルくらい。足は械（原文ママ）より大きく、支える力があって、歩くことができる。

腹は地面に触れ、頭はて

っぺんが平たく、大桶を重ねたようだ。その長さは三メートルを超える。両目は大きな桶のように左右に一・二メートルも離れ、きらきらとして、馬車の左右につけた灯のようで、全身の色は黒紫であった。口は小さな家の入り口のように開き、舌をペロペロと出し、可哀想なことにあの馬をひと呑みにし、ボリボリと肉を嚙み、骨を砕く音が聞こえた。間もなく食べてしまったようで、ひっそりとしていたが、また起き上がっ

たので、旅人は今度は自分が喰い殺されると覚悟をしたが、幸いにも怪物は身をひるがえし、旅人をかえりみず、再び西の方に向かって走り去った。旅人は九死に一生を得て、真っ暗な荒野を歩いてその場から逃げ延びたと、『ヘラルド』新聞に載っている。

◎『仮名読新聞』明治九年一〇月一九日

両頭の獣骨

本年（明治八年）四月二八日のこと、足柄《あしがら》県下、伊《い》豆国《ずのくに》君沢《きみさわ》郡熊坂《くまさか》村（伊豆市）にある狩野川《かのがわ》河口から堰に入る用水口の修理に行った作業員の一人が、水中から奇妙な骨を拾った。その形は図のようで、大きさも図中に示したとおり。歯の大きさはおおむね猫ぐらいで、形もまた似て、尖っていて肉食動物のものとみられる。

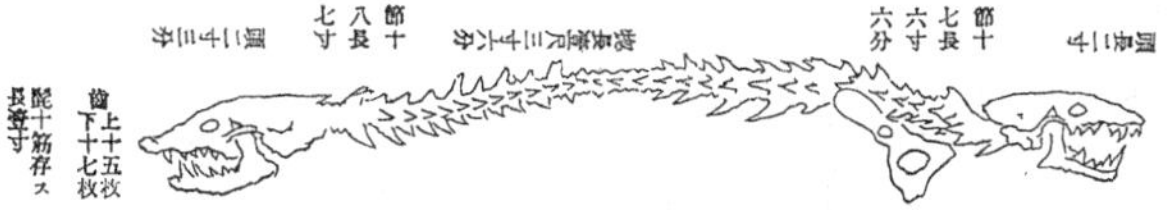

この動物は、もとから頭が二つあったわけではなく、突然変異であるとは察するが、知識のない私どもでは何が変異した骨なのかわからない。

　そこで、貴紙の余白に掲載して、世間の博識の君子に聞き、それが何物であるかの教えをいただき、ふたたびこれを紙上に掲載していただくをお願いしたい。(『東京日日新聞』筆主の岸田）吟香先生に、これを許していただきたいと望んでいるのは、同じ熊坂村の竹村某である。

◎『東京日日新聞』明治八年五月八日

大鵬を三河で撃つ

世に大鵬《たいほう》という鳥がいる。一度はばたけば万里を飛ぶと聞く。たしかにその鳥がいると、しきりに評判が聞こえるのは三河国《みかわのくに》碧海《へきかい》郡堤《つつみ》村（豊田《とよた》市）。四方を山に囲まれ、たいへんな山村僻地であるが、そこに大きな用水池があり、最近、夜になるとゴウゴウと、森林を吹く風のようなすさまじい鳴き声が、その池から起こっているようだと、人々が奇異に思っていた。

　ここに世に知られた名人の猟師、その名も猪取《いとり》武《ぶ》平《へい》が聞きつけ、「たとえ山が叫ぼうが、池が吼えようが、どれほどのことがあるか。我が一発でしとめてやる」と、猟銃を携えて池のあたりに潜伏してうかがったが、あいにく音は出なかった。どうしても正体をみようと、およそ十夜も探し

まわった。
ある夜のこと、池の水面に大きな鳥が二羽、突然やって来て水面に降り、ゴウゴウと数声なき、耳がつぶれるほどであったが、武平はもとより雄々しき者なので、恐れもせずに狙いを定めて撃てば、たしかにあたったという手応えはあったが、鳥はいぜんとしてそのままだった。「悔しや」と言いざまに五、六発も撃つと、さしもの怪鳥もたまらず山の方へ飛び去ったが、撃たれた一羽が山腹にヒラ

ヒラと落ちてきた。(武平は) よし仕留めたと、谷も岩も越えて走り寄って打ち倒し、用意していた縄でひっくくって、持ち帰ろうとしたが、一人では持ち運べず、ほかの猟師の手を借りて、ようやく自分の家に持ち込んだ。

その大きさを調べると、片方の翼の長さが約三メートル、全長約二・四メートル、目はあたかも馬のようで、くちばしは鴨に似ていた。

◎『安都満新聞』

明治一二年六月九日

「蛇足」は実在した

神奈川県下、相州《そうしゅう》横須賀《よこすか》造船所の鍛冶を勤める逸見《へみ》村(横須賀市)の清水某の雇い人戸村吉五郎という者が、去る二十日の夕方、同村の米が浜を通ったとき、一・五メートルほどの蛇が、頭をもたげて、いかにも恐ろしげだったので、持っていた棒を振りあげて、打ち殺した。その蛇は、下図のように異形の蛇で、色は青く、少し黒みをおび、青大将という類であった。

また、腹部の足より三〇センチばかりは、上の方と形状を異にし、たいへん奇妙な蛇なので、アルコールに浸したが、肉体は少しも

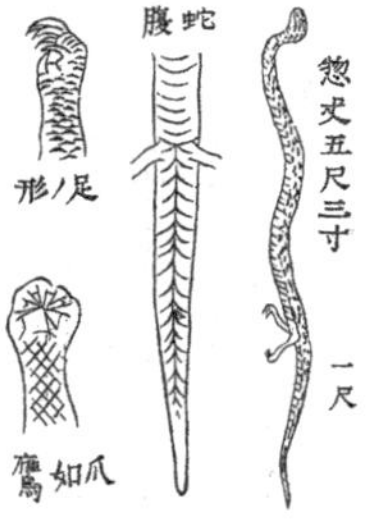

変化しないで、吉五郎の家に保存されていると、横須賀在の小林延吉さんより、ご連絡があった。

◎『東京曙新聞』明治一〇年六月二八日

白い猿人に出会う

人も通わぬ深い山には、見慣れない怪しい獣がいるものだ。福岡県下、筑前国《ちくぜんのくに》鞍手《くらて》郡山口《やまぐち》村（宮若《みやわか》市）の農業菊地保平（四七歳）は、同郡吉田村に急用があった。この村は山一つを隔てた所にあって、本道を迂回してはかなり遠回りになるので、木樵《きこり》の小道をたどって、本月五日に山へ分け入った。ひたすら道を急いだが、樹木は生い茂り、昼さえ薄暗い道に、足の進みもはかどらず、ようやく峠を越え、谷間の道へ出たとき、かたわらの松の木陰から、身長一二〇センチ余りで、顔は猿に似ているようで猿ではない、猩々《しょうじょう》（中国の想像上の怪獣）ともいうべき怪獣で、総身に白い毛を生やしたのが、ノソノソと歩み出てきた。一目見た保平は「ギャー」と叫んで倒れたが、その獣も驚いたのか、峠に向かって走って行った。この様子に保平は腰を抜かして、すぐには立ち上がれず、身の毛もよだち、吉田村へ行く気もなくなり、這々《ほうほう》の体で家に帰って妻に話した。

その日より、保平は熱を発し、病の床にふせったが、五日目ごろに心もようやく常態に戻り、農業にも出られるように全快したという。

世にこのような怪しい獣は、絶対にいないとは言えないが、それを見たからといって病気になるというのは、信じられない話である。しかし、はるばる遠い所から送られた記事なので、そのままここに書いた。

◎『絵入朝野新聞』明治一六年四月二七日

黒い山男に遭遇

福岡県下、筑前国鞍手郡直方《のおがた》町（直方市）の近くに、

良質な石炭があり、さきごろ発見した人がいて、試掘に着手したが、そのため今まで多くの人が通らなかった山道へも入り込む者がいる。最近、同郡山口村の菊地何某が、山奥で狒々《ヒヒ》に似た怪しい獣を見たが、こちらが驚いて逃げ走れば、怪物もまたたいへんに驚いたようで、岩根木の根を躍り越えて、逃げたという噂があった。

　剛気な山人らは、どうしてもその怪物に会うのだといって、ときどき山に入る者がいて、出会ったのは、身の丈一二〇センチ余りで、顔色は黒ずんでいるが、人に近く、獣類には遠い。総身に長い毛がはえて、手足もまた人と違わない。立って歩くのはかなり速いが、やや人に馴れているようで、驚かさないようにしたら近づいてきた。べつに危害をおよぼすようにも見えないが、これはあの猩々という怪獣とみられる。「捕らえれば、見せ物に出すに値するだろう」などと言い合ったという知らせがあった。これは山男というべきものである。

◎『東京絵入新聞』明治一六年八月二三日

学校に天狗トカゲ

磐城国《いわきのくに》磐前《いわさき》郡高野村（いわき市）の小学校の生徒が、先日、休み時間に学校の後ろの山で遊んでいると、木の葉の中でガサガサと音がするので、何気なく棒で叩くと、下図のような虫を打ち殺した。見慣れない虫であったが、気味が悪かったので、よく見ないで谷へ捨てて、両頭の蛇のような虫を殺したと、帰って話をした。ところが教員に、両頭の蛇のような虫ではわからないので、打ち殺したものを持って来いといわれ、生

徒が殺した場所へ行くと、形状は以前と少しも変わらず、大きいのは六〇センチ余り、その他は一八〜二〇センチぐらいのと、図の大きさのとが、たくさんいた。人を見ると、皆ヒューヒューと風を切る音をさせて、羽はないが飛び去る。そのなかで、図の大きさのもので、少し飛び上がろうとするのを、手持ちの鎌で打ち落としてよく見れば、頭は蛇のようで、尾はなく、四本の足がある。指は五本で、爪は鼈甲《べっこう》色に透き通って針のように尖っている。背中から腹にかけて小さい鱗があり、色は（螺鈿《らでん》の材料にする）青貝のように光っている。腹は、わずかに赤色を帯びていて、いかにも奇体の虫なので、学校へ持ち帰って、日に乾かして所蔵した。

　これをよく観察した、同国平駅（いわき市）の馬目嘉兵衛さんから図を添えて（記事が）送られたので、そのまま掲載しました。このあたりの諺《ことわざ》に、かつてより、夜中に風が吹くような音が空中でするのは天狗の飛行といいならわすのは、もしやこの虫の飛行するからではないかという趣旨であるが、羽なくして飛ぶは、いかにも奇怪な虫であります。

◎『東京絵入新聞』

明治一〇年五月二二日

岡山で海狼狩り

　人のあらばかりをほじくり出すのも妙ではあるが、このような猛獣を追い出してきたと、差し出す原稿を見れば、岡山県下、備中《びっちゅう》国《のくに》哲多《てつた》郡釜《かま》村（新見《にいみ》市）の字田の原という所の農民福田次郎、同村の亀田九右衛門の両家の飼い牛が、二頭とも先月十五日の夜に牛小屋を破って、どこかへ駆け出し、行方不明になった。

　飼い主は大いに怪しんで、まさか二頭が駆け落ちしたわけでもあるまいし、また伊勢神宮へ抜け参りに行ったわけでもないだろうし、まったく牛盗人のしわざだろうから、他の家にも来るであろうと、村中で張り番をしていた。十六日の午前八時ごろ、同村の田中友太郎が駆けてきて、「今朝、朝出の一仕事に、柴などを刈ってこうかと、この上の谷に入ったところ、夕べ盗られた二頭の牛の頭がここに、足があそこにというようにあり、不思議なことと、向こうを見れば胴やら角やらが、食い残したように落ちていた。これは盗人のしわざではなく、大きな獣のせいと思うが、お前らも行って見るがよい」という。

　これを聞いた人々は驚いて、そのまま大勢で友太郎に案内させてその場所へ行って見れば、さきほどの話のように牛の死体がバラバラになってあちこちにあり、これは猛獣のしわざだといよいよ驚き、このままにしては牛馬はもとより人命にまで害を加えられるだろうと、一郷に触れを廻して、大勢でその獣を打ちとることにした。

　近隣の十か村から、一戸に一人ずつ出させて、翌々日十八日正午の田の原村の

寺の鐘を合図に、山の麓に集まったのはおよそ五五〇～五六〇人。銃や鋤・鍬・鎗・刀など、めいめいが武器を持って勢揃いしたありさまは、富士の牧狩りもこうだったかと、勇ましくも見えた。こうして、例の牛の死体から、猛獣の足跡を追って谷深く入り、狐・狸・猿・兎などを蹴散らし、山また山に分け入った。日ももはや西の山に暮れようとするころ、茂った樹林のなかから現われた猛獣の大きさは子牛のようで、両目は日月のよう、口は耳元まで切れて牙をむく狼に似るが、狼ではない。人々は鬨《とき》の声をあげ、これこそ目指す猛獣、逃がすなとばかりに、鉄砲の筒先を揃えて撃ったが、弾丸は岩石に当たったようにはじかれるばかりで、撃ち込むことはできなかった。猛獣は、その音に驚いて四方八方に暴れ回り、勢いが弱くもならなかった。

　真っ先に進み出たのは、哲多郡油野《ゆの》村（新見市）の福田八太郎という者で、猛獣は今にも飛びつくぐらいにすぐそばまで駆けて来たが、胸元に鉄砲の筒を向けて火蓋を切ると、弾丸は猛獣の前足に当たった。さすがに痛みを覚えたのか、同郡千屋《ちや》村（新見市）の大滝山へ逃げ込んだ。人々はここぞとばかり、数十発の鉄砲を撃ち込んだが、石を岩石に投げつけるように、一つの弾丸も体を通さないまま、ついに谷間に逃げ去り、行方がわからなくなった。人々は望みを失い、その日は空しく村々に帰った。

翌十九日は早朝より揃って、今日はたとえ夜になろうとも、篝火《かがりび》・松明《たいまつ》の用意もし、食糧も山中にて炊き出すことにして、ふたたび大滝山に入って、八方の谷々を取り囲み、声をあげ銃を撃ち、木々の間もものともせず、追い込んでいった。猛獣も前日に多くの弾丸を受け、肉にまでは通っていないが、その痛みを知ったのか、現われても前日より少し衰えて見えた。しかし猛獣のこと、なお八方に暴れ回るのを、午後二時ごろになって、ついに一つの谷間に追い込み、上の方から雨霰《あめあられ》のように数十の鉄砲で撃ち、ようやくその場に倒すことができた。五百余人の人々は喜びの声とともに、一同が勝ち鬨をあげたのが、山に響き谷にこだましたのは、目がさめるようであった。

さてその獣をよくよく見れば、毛色は黒青く、顔は尖り、眼光は日月のようで、牙は一口は耳まで裂けて、牙は一〇センチばかりもある。その形は狼に似ているが、異なるのは足に水かきがあり、耳が短く、鼻髭は太く、体は砂と松脂《まつやに》とを固めたように岩より堅く、毛は棕櫚《しゅろ》のようで、「海狼」というものであろうか、などと評しあった。これまでに誰も見たことのない獣なので、新聞に掲載して識者に問いたいと、同地の某氏より聞いたことを記しおく。

◎『朝日新聞』明治一六年四月一三日

空飛び猫捕まる

今、ここに掲げた獣の図を、何と見るか。これは、先月十五日、桃生《ものう》郡馬鞍《まぐら》村（石巻《いしのまき》市）の深山で、同村の杣人《そまびと》山田丑蔵が生け捕りにした怪物で、全身黒色、形は猫のようだが、背に翼があり、その声は虎に似ているという。

このような怪物をどのようにして捕らえたかというと、丑蔵が木を伐ろうといつものように山奥に分け登ると、はるか彼方の谷間のあたりに怪しい獣の吼える声がした。剛胆な丑蔵は、どんな物かと近づいてみると、図のような怪獣であった。

これを生け捕りにすれば金になるだろうと、同じ山に入っていた仲間数人を雇って、八方に配置して鬨の声をあげて狩りたてた。獣が二つの翼を広げて、あちこちと飛び回るのを、ようやく谷底に追い詰め、日暮れになって丑蔵の手に捕らえた。いかにも怪しい獣で、牡鹿《おしか》郡門脇《かどのわき》村字後町（石巻市）の吉田清助が買い取って飼育していると、図を添えて伝えてきたことが『奥羽《おうう》日々新聞』に見えるが、惜しいことに体長や体重、毛色などの記載はない。

◎『絵入朝野新聞』

明治一七年一二月六日

不入山の巨人

ここに顕わす図は、先月中旬頃、高知県土佐《とさ》国と愛媛県伊予国《いよのくに》旧宇和島《うわじま》領の境目にわたる篠山《ささやま》の山中で得た巨大な獣骨である。

その詳細を聞くと、同山は両国第一の山で、山中に不入山《いらずやま》とあだ名される最も幽深な所があって、往昔からここに入る者があれば、必ず妖怪のために、ふたたび帰ることができないと言い伝える。

数百年来、猟師といえども一人も踏み入る者もいなかったが、近来、人智が開明したせいか、昔ほど恐れる者もなく、大胆な猟師が稀に立ち入ることがあった。先月中旬、旧宇和島御庄郷の猟師何某は、銃を持って不入山に入り、よい獲物がないかと道深くたどり行くと、険峻な懸崖《けんがい》には幽蘭が叢《むれ》をなし、陰森《いんしん》たる渓谷には白雲が下を遮り、凄々寂寂として人間《じんかん》の景色ではな

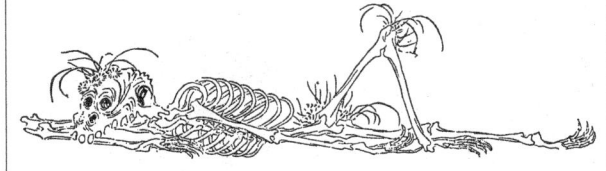

く、さすがの猟師も慄然として身の毛がよだつほどだった。かたわらに雲を突くばかりの大樹があり、その下に白く大きく怪しい異形のものが見えた。

　猟師は大胆にも何物だろうと進み寄って見れば、人間と同じ大きさの白骨であった。なおよくよく見ると、半ば落ち葉に埋もれているので、それをとって全身を現わすと、頭から足までおよそ六メートル、片腕の長さ一・八メートルばかり、頭部の周囲は一抱え、口の横幅は一・二メートル余り、歯は一枚およそ一二センチ角で、牙はないが四八枚。また、胴体骨の周りは二抱え余りもあり、指骨は手足ともにそれぞれ四本ずつ。骨の関節の窪みには、水が一・八リットル余りも入ると思われる。

　このような奇異なものなので、猟師はすぐに家へ飛んで帰り、村中の人々に知らせたが、一人も信じる者がなく、かえってでたらめな話だと笑うので、猟師は大いに怒って、「そうまで疑うならば、ふたたび山に入って、その証拠となるものを持って来よう」と、前の場所に戻った。

　どうにかして、頭蓋骨を持ち帰ろうと動かしてみたが、重さ四〇キロほどもあり、とても一人では持ち帰れない。そこで歯を一枚折って持ち帰り、村人に見せたら、皆は舌を巻き、猟師の大胆さに恐れ入りつつも、郡長某氏のもとに差し出し、郡長から処分方法を県庁に伺い中だという。その後は、諸々の博覧会へ廻されることになるだろう。

さて、これはいかなる怪獣の骨ともわからないが、猿の類ではないかという説もありと、同地某氏からの知らせにある。

◎『朝日新聞』明治一二年六月一〇日

鯨を絞め殺す

イギリスの「ハウヲイン」という船に、カピタン（船長）のトレバー氏をはじめ、多くの水夫が乗り込んで、イギリス海軍省の荷物を積んで、アフリカ・サンジバーの植民地へ向けて航海する途中、去年七月八日のこと、たちまち海上に三頭の鯨が浮上し、そのうちの一頭の鯨の胴体に大きな海蛇が巻き付いていた。全体の長さは、どれぐらいあるのか、頭と尾の見えている部分だけでも、一〇メートルほどもあり、背中は赤鳶色で、腹は白いという。その蛇がしばらく鯨を巻き絞めて、ついに波の底に引き込んだ。ほかの二頭の鯨も、その鯨を助けようとしていたが、一頭が引き込まれたのを恐れてか、これも波の中に姿を隠しました。

このイギリス船は、十三日になって、またほかの海蛇に出合ったそうだが、今度は、全身が波の上に出ていて、一二メートル余りもあった。その翌日も船の近くへ頭を出し、長さは一八メートルもあって、両目を見開き、大きな口を開けて、船に向かったときには、船中の者が驚いて、おのおの斧などを持って身構えたが、

さすがに船を襲うようなことはなく、波の底に沈んだと、『朝野新聞』に見えましたが、珍しい話なので図を添えて掲載しました。

◎『東京平仮名絵入新聞』明治九年一月二九日

フロリダに海蛇

先月、アメリカフロリダの海岸に這い上がった海蛇は、長さ三〇メートル、三人の者が近くで見た姿形は、図のようであった。

◎『国民新聞』明治二三年九月二七日

半獣半魚が上陸

鹿児島県下垂水《たるみず》の浜に揚がった怪魚の絵。

下は当四月十一日に同浜に揚がり、これを見た人に

何か言いたいような様子だったが、即座に死んだとのこと。鹿児島県の貫属某の手紙にあった絵である。

◎『東京日日新聞』明治五年七月六日

怪魚は海老尻

次頁上段に出した図は、先月三日肥後《ひご》三角《みすみ》沖において、玉名《たまな》郡滑石《なめいし》村（玉名市）の船乗りがみた怪魚である。この魚は、体中に茶褐色の毛が生え、首に白毛

の虎巻（原文ママ）がある。尾の形は海老尻にして、尖状である。その長さ四・五メートルばかり、鳴くときは「ヲー、ヲー、ヲー」という引く声が長く、やや悲哀の音があり、目は鋭く、へこんでいる。額は高く出て、耳は長く垂れる。人を見れば、恐れて身を沈める。その耳を打ち払う音は激しく、周辺の海面三〇坪ばかりは糞尿のために、黒く濁っていたという。

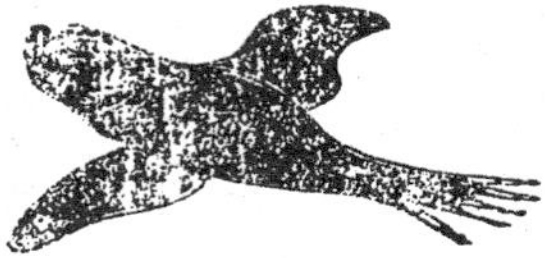

◎『国民新聞』明治二四年四月一六日

頭に豚のシッポ

去る十七日、大阪府西成《にしなり》郡野田《のだ》村（大阪市福島区）の漁師中村久吉が、天保山《てんぽうざん》の沖合で捕獲した怪魚は、右図のように形は楕円形にして、色は淡黄に黒色を帯び、鱗はなく、頭部に長い尾があって、クワイに目鼻を付けたようであり、辮髪《べんぱつ》のようでもある。その長さ一八センチ、横一五センチ余り。

同人は長く漁師をしているが、このような魚は見たことも聞いたこともないので、何という魚だろうといっていると、ある人が見て豚尾魚と名付けたという。時節柄、面白いことである。

捕獲者の中村久吉は、同村中で衆人に見せるため、一昨昨日《さきおととい》に現物を持って曽《そ》根《ね》崎《ざき》警察署へ出願して許可を得たという。

我が国には平家が西海に沈んで蟹に化けた例もあり、豚尾魚も豊島《とよしま》で撃ち沈められた一念で化けたものか。

過日、暴雨で中国の旗印である竜が流れ着いたことといい、今またこの魚を得て、帝国大勝の前兆であろうか。

◎『都新聞』明治二七年八月二三日

トラ猫が力んだ顔

今年は、鳥獣の変わりものが生まれる年で、横浜太《おお》田《た》では額に鼻のある犬が生まれ、東京では新宿町の一頭二体の家鴨《あひる》、根津《ねづ》須賀町（文京区）でも一頭二体の兎、浅草に人面犬、甲州《こうしゅう》（山梨県）に一つ目の猫、遠州《えんしゅう》（静岡県）では三本足の猿が生まれたという話は、諸新聞にありますが、今月一二日に武州羽田《ぶしゅうはねだ》村（大田区）の漁師村石米次郎が、同地の沖で奇妙な魚を釣り

上げました。

その姿形は約三〇センチ、図のように顔はトラ猫が力んだようで、角のようなものが目の上と鼻の脇に二本ずつ生え、両目は丸く、背中の模様はヒキガエルに似て、尾は鶏のようだ。腹は薄黒く、樺色《かばいろ》（蒲《がま》の穂のような赤みをおびた黄色）がかっていて、泳ぐときは鰭を広げる。餌はゴカイを食べ、まだ生け簀《す》に放しているから、新聞屋さん、見物に来なさいと、同村の村石国三郎から、文明社まで報せてきました。

◎『仮名読新聞』明治九年五月一七日

船乗りタコの冒険

南海に奇魚を産した。形状や色はタコに異ならない。貝の小舟に乗って、後足二本が長く櫓《ろ》と楫《かじ》の用をなす。ひそかに名付けてタコ舟と称される、奇魚なり。

八本の足ではなお足りないと、乗っている小舟で怒《ど》濤《とう》激浪を蹴って走るのは、なんともいさましい。現今、我が国の僧侶十数万人のうちに、二本の脛に満足することなく、南船北馬、縦横無尽に宗教界を遊泳する奇骨ある僧はいないものか。

◎『中央新聞』明治二四年八月二二日

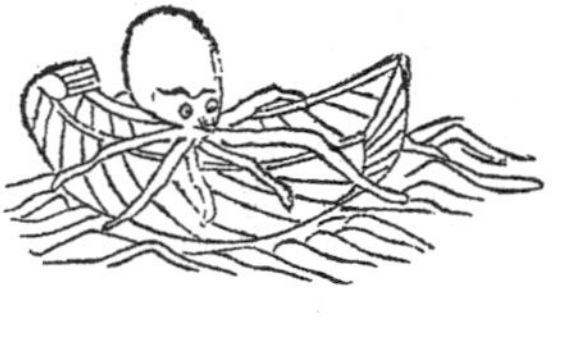

■コラム1

怪異記事にみる近代化の諸相

明治時代の怪異記事を見ると、江戸時代には決して登場しなかった近代社会のなかでの事象が多々ある。それはまさしく怪異の世界にも大きな変革が訪れていたことを如実に示すことでもあるのだ。しかし一口に明治時代といっても四五年間もの長期にわたることから、近代化の諸相も必ずしも一様でないことも事実だ。さまざまな記事からこうした動向の一端をみてみたい。

写真に死んだ人や不思議なものが写っていたという話は現代でもよく聞く定番の怪異談だが、こうした事象が登場したのは明治時代後半のことである。写真機の普及により庶民が写真を撮ってもらうことが普通となり、それにともなって誰もが写真を身近に感じるようになった時代背景のもとで怪異が写真という新しいフィールドを得ていったといえる。その怪異の内容はというと、遠く戦地で戦死した兵士の肖像写真から血が出ていた（明治三八年三月一九日『神戸新聞』）、恨みを持つ人物の写真を釘づけにして呪って悶死させた（明治四三年三月二四日『東京日日新聞』）、死んだ娘が写真に写っていた（明治四三年五

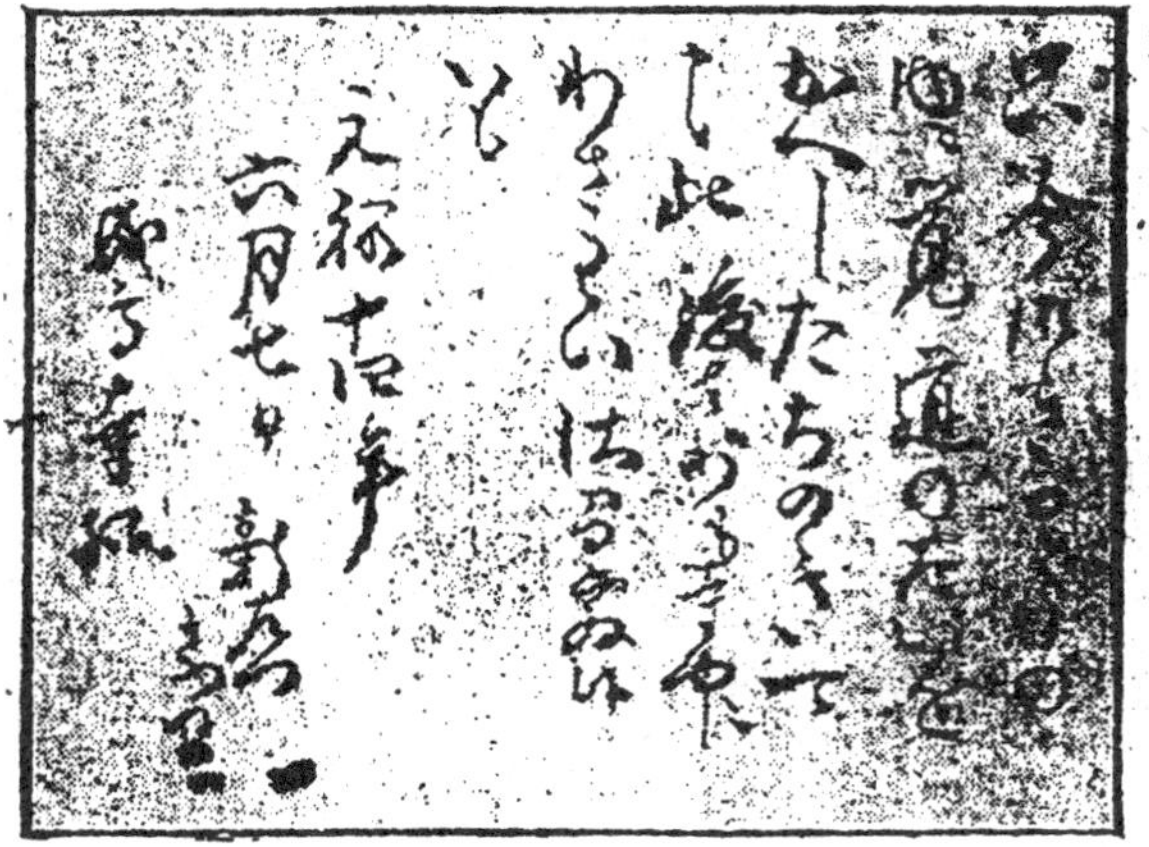

狸の書いたと云はれる文字

月一八日『読売新聞』）など、今と変わらぬ多様さだ。なかには、すでにこの世にいない人物を写真に撮るといったイカサマがアメリカで行われている（明治四四年一月一〇日『京都日出新聞』）といった話題も紹介されているほどである。この時代になると、雑魚場の奇魚（明治四三年五月二六日『大阪時事新報』）、板橋の幽霊井戸（明治四三年九月一日『都新聞』）、狸の書いた文字（明治四四年四月二八日『都新聞』）、お化けが出る質屋（明治四四年七月一五日『萬朝報』）など、怪異記事にも挿絵に替わって写真が添えられる事例が散見できる。いっぽうで、明治時代前半にはしばしば記事に添えられ、なかには大きなスペースを割いて掲載された怪異の挿絵は次第に廃れていくこととなるのである。

文明開化は狐狸の世界にも変化をもたらした。狐も狸も人を化かすということでは昔から変わらないものの、化かし方に新しい要素が加わったのである。その象徴的なものが汽車に化けたり、駅を出現させたりして人を誑《たぶら》かすといった事象だ。汽車が走っていると前方からも汽車が近づき、あわや正面衝突というときに前方の汽車は忽然と姿を消し、線路を調べると狸が轢《ひ》かれて死んでいた（明治二二年五月三日『東奥日報』）、汽車が走行中に突然と前方に狐の悪さによる信号灯が出現して運行が遅れる（明治三六年三月五日『海南新聞』）、東京の千駄《せんだ》ヶ《が》谷《や》停車場付近で列車の汽笛を真似て人を驚かせる古狸（明治四一年一月一七日『新愛知』）、列車の前に突然として駅が出現したのは老狐の悪戯（明治四四年九月一日『三重新聞』）などがそれである。もちろん、この時代になっても狐狸たちは昔ながらの化かし方も忘れてはいないものの、新しい時代に即したスタイルを身につけだしたのである。

明治四三年八月二七日の『扶桑新聞』には「建中寺の古狸明治式の化け方女学生と洋服男」との見出しで廂髪《ひさしがみ》で洋傘をさしたハイカラ女学生や洋服男に

化けた古狸が出没することをレポートしている。この記事も汽車にまつわる狐狸の事件と同様に明治時代ならではの怪異といえよう。

ところで、こうした怪異情報を掲載した新聞そのものの状況はどのようなものだったろうか。今から百年以上前にもかかわらず現在以上に充実していたことがわかる。北海道から沖縄まで全国各地にそれぞれの地方紙があり、一つの県で複数の地方紙が発行されていたケースもけっして稀ではない。また、中央紙も数多く、販売競争なども繰り広げられていたくらいだ。現代ではテレビ、ラジオ、インターネットなどいくつもの情報源があり、新聞がなくとも何らかの方法で情報を得ることは可能だ。しかし、明治時代においては新聞こそが誰もが情報を得られる唯一のツールだったことを考えると、その重要性と影響力はきわめて大きい。都会の情報がリアルタイムで地方に伝わり、地方の事件も即座に都会へともたらされて記事となって人々に提供されるのだ。そして読者からの投稿もさかんに行われて、その情報が新聞に掲載されるといった双方向の環境がつくられていたのである。こうした状況は怪異記事についても当てはまる。地方紙の情報を中央紙が転載したり、逆に中央紙の情報を地方紙が再録するといったことも普通に行われているだけでなく、遠く離れた読者からの投稿による記事が書かれ、その記事を見て別な読者からまたまた情報が寄せられるといった具合だ。そうした状況は、江戸時代とは比較にならないほどの情報の広がりと集積を意味する。

怪異というと江戸時代には広く信じられていたが、近代化とともに明治時代になると次第に廃れていったように思うが、実は新聞という文明開化の象徴的産物によって、より広範に広がっていった。それは今日におけるインターネットでの怪談話の爆発的広がりにも直結する今日的意味を持っているのである。

兆し

味噌玉から毛が出現!?

諺に「味噌球に毛の生えた」というのがある。

今年の二月中頃、味噌作りのため、豆を蒸し、つぶしてから団子のような塊を作って袋に入れたものを六〇くらい天井下につるして乾燥させた。だいたい六〇日たった四月十六日にこれを取り込んで袋を開けたところ、図のように団子状の塊の亀裂部分から毛が生えているものが二〇袋程あった。これを見て驚かない者はない。たいへん珍しいので皆さんにもご覧いただこうと思った。

（掲載した図は）岐阜県美《み》濃国《ののくに》郡上《ぐじょう》郡八幡《はちまん》町（郡上市）で商いを行っている直井延右衛門さんの味噌球に毛が生えた様子と、その毛の部分をつまみ取った様子のものである。

縮毛で蚕が出す糸より強い。毛の長さは六センチ余りで、黒くて艶があり、火で焼くとジリジリ音を立て、髪の毛を焼いたときと同様で、においは磯臭いようでもあり、味噌のにおいもする。この毛を水で何度かすすいでみても色は変化しない。奈良・平安時代に女性の髪に添えた添え髪の仮髢《かもじ》とかいうものに似ている。

◎『郵便報知新聞』

明治八年六月七日

屋内でも石の雨

　これは不思議なお話ですが、元大工町一番地の中沢繁次郎（道具屋）の家では、去る十日の正午頃から一時間ばかり、どこからともなく小石が家の中へ降った。家族は驚いたが、繁次郎の父重経は二年越しの病人であり、このような変事は聞かせたくないと、降った石を神棚に上げ、お神酒をお供えして、どうぞこれ以上降らないようにと妻が祈ると、降った石が自然となくなった。かと思うと、また、最初よりも激しく降るので、これは狸のしわざであろうと、主人が脇差を振り回しても、少しも効き目はなかった。

　毎日時間を決めて降るので、十二日に届け出たところ、巡査が一人ずつ道具屋に詰めても、やはり時間になると石が降るので大評判になり、門口に見物が黒山のように集まった。家の中

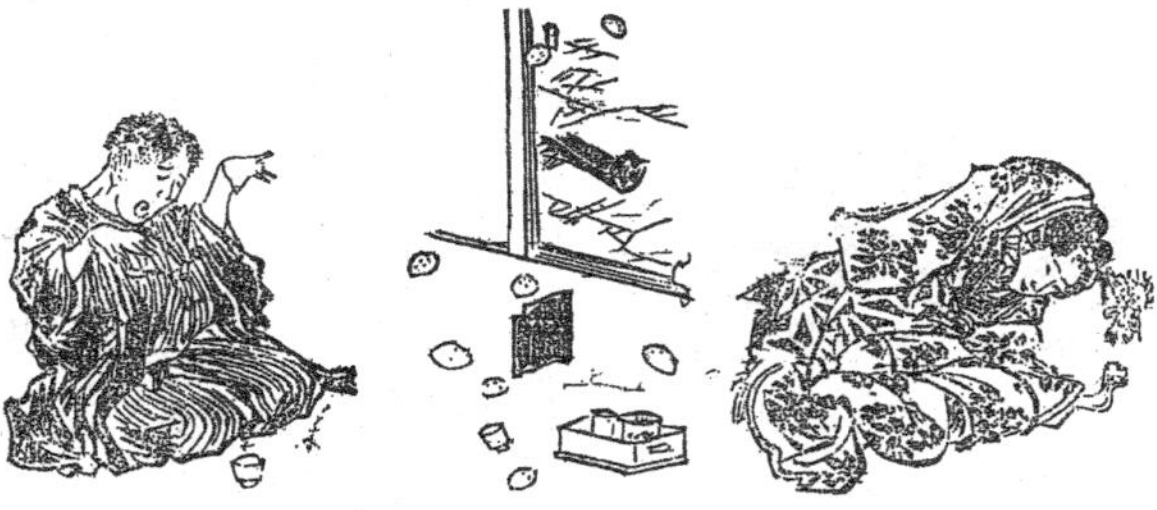

では、狸を追い出そうと唐辛子をいぶすという大騒ぎをしているところへ、一人の人力車曳きが来て、「私は浅草北富坂町に住む小林長永という者だが、江戸橋で客待ちをしていて石の降る話を聞きました。これは狐狸のせいに違いないから、祈禱してさしあげましょう。私で駄目でしたら、浅草西鳥越の禊《みそ》ぎ所の先生を頼んでさしあげましょう」というから、繁次郎は喜んで「何分お願いします」と答えた。

今日十四日から祈禱にかかるとのことだが、何だか新聞屋には分かりかねる話です。

◎『東京絵入新聞』明治九年三月一四日

天から奇魚

越前福井《えちぜんふくい》二十大区七小区日《ひ》ノ出上町《でかみちょう》（福井市）の山口某の邸内に、先月十月、激しい雷雨のとき、下図のような魚三尾が降ってきた。彼の地で俗にいう「寒中《かんじゅう》霰《あられ》ガコ」という魚に似ているが、少し異なるようなので、近隣の有識者に質問するといっていた。しかし、越後高田あたりの谷川に産するゴリの類で、「大なる雷魚」といって、雷雨のときに腹を上にして流れる魚

がおり、おそらくその魚でしょう。

◎『郵便報知新聞』明治九年九月六日

義理堅い死人

幽鬼迷魂の怪談も、神経病とか感電と悟ってみても、疑いが晴れない話は、室町の旧三越糸店で長年勤め上げた斉藤源助（七三歳）。台所番頭となって呉服町に住んだが、糸店の閉店を歎き、老の身にもくじけて病の床に臥せた。日増しに細る命もその日の煙とともに絶えようとするのを、同店の旧番頭でこのとき根岸《ねぎし》に住んでいた荒川正兵衛が聞き及び、去る十六日に訪れて病を慰め、薬の代にと五円の紙幣を包んで枕元に置いて、今後のことなどを親しく語ろうと、源助は深く喜び、両手を合わせて拝んだまま、あえなく息が絶えた。

正兵衛は、その後のことを相談して、その夜は深川《ふかがわ》あたりの知人宅に泊まって、翌日、根岸へ戻って来ると、女房は、「もう老病で、とても難しいという源助が、急に全快したといって、昨日の夕方の六時か七時頃に尋ねて来て、長々とお礼を述べて帰りました」と話す言葉に、正兵衛はびっくりした。昨日その時刻に死んだ者がどうして姿を現わしたか、正直一徹の源助だから、親切に世話をした礼に幽霊が来たに違いない、南無幽霊頓証菩提《とんしょうぼだい》と夫婦互いに涙を浮かべたのは、実話なりとある人が語ったが、もし林家正蔵や柳亭左龍が聞いたなら、ちょっと米櫃の種になるかも。

◎『郵便報知新聞』明治九年一一月二八日

戸口に神の絵

去る五日、ある人が越後国湯沢駅を通ると、家ごとにこのような図を紙に描いて、入り口のあたりに貼り付けてある。あまり見馴れないことなので、地元の者に聞いたところ、これは天《あま》日《ひ》子《こ》尊《さま》のお姿だという。

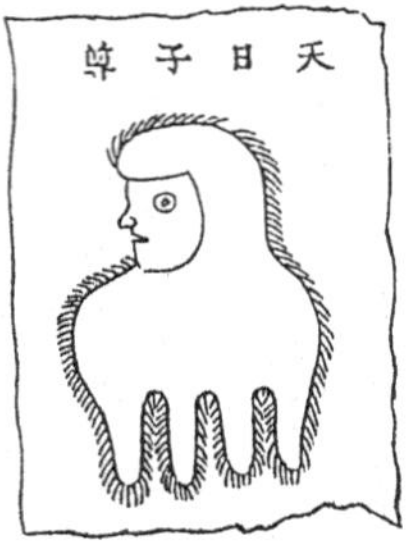

なおその訳を聞くと、三〇日ほど前にこのあたりの田の中で人を呼ぶ者がいて、これを見れば異形にして恐るべきものなので、誰もそばへ寄る者もなかった。ある武士のような人が通りかかり、その声に応じて側に立ち寄ると、異形の者が「我は天日子尊なり。今ここに出現したのは、当村においてこれより七か年の間、凶作が続き、人口はおいおい減少して、今の半分にもなる。予、これを憐れんで諸人に告げ知らせ、我がこの影像を写して、家ごとに貼り、朝夕我を敬い尊びて祀《まつ》るべし。そうすれば、七年の災難を免れることになるべし」とのたまわった。そこで、この図を家々に貼り付けますと言ったという。

山中のこととはいいながら、余りに馬鹿馬鹿しいことなので知らせましたが、いずれ坊主か山伏たちの言い出したことと思われます。角大師熊野牛王などの類も、昔はこんなことから言いふらしたものと思います。近頃も狼様だの鉤舟守だのという物が、よく貼ってあります。中国でもいろいろの神様の霊符が家々に貼り付けてありますが、あれが日本の神道者の元祖でございましょう。

◎『東京日日新聞』

明治八年八月一四日

私の死体を掘れ

怪談不経な夢物語は、薬《や》研堀《げんぼり》町に住む小島某が台所に新しい井戸を掘るため、職人の予定もできて、そろそろ取りかかろうとしているとき起きた。

去る十一日の夜半過ぎ、遠寺の鐘が陰に籠もって物凄く、ソヨと吹き込む涼風に、ふと目を覚ます女房つやの枕元に、夢か現《うつつ》か幻に、老夫の姿が現われて、「自分は子細があってこの地に迷っている身だが、今度、掘る井の中に、我が亡骸があるので、掘り出して葬ってほしい。自分が仏果（仏の境地）を得たならば、永く家内を守護すべし」と言うかと思えば、暁の露とともに消え失せた。

つやは、寝床を出て夫に始終を話し、早速、職人を呼び寄せて、段々と掘り穿ち、深さにして四側目と思われる所に錆朽ちた小柄《こづか》と小脇差を見つけたので、さてはとなおも掘り下げると、肢体がそろった白骨があった。一同は不思議な思いをしたが、そのまま打ち捨てるわけにもいかず、その筋へ届けたうえに、回向院に埋葬して懇《ねんご》ろに供養したと、近所の取り沙汰を聞き流すわけにもいかないので、そのまま書きました。

◎『郵便報知新聞』明治九年八月一九日

予言して死ぬ赤子

あまりにお利口すぎる話なので、没にしたあとも、しきりに同じことの投書があるので、引っ張り出してきて記します。

中仙道《なかせんどう》熊谷《くまがや》駅から四キロばかり離れた葛《くず》和《わ》田《だ》村（熊谷市）の農民何某の家で、この二月に奇怪な子どもが生まれ、オギャアと言うより早く、大人もおよばない弁舌で、「今年もコレラ病が流行るが、これを避けようとするならば、一升の餅を搗《つ》き、天道様へ一週間供え、その下がりの半分を食べ、残りを流行のきざしがあるときに食べること。我はこのことを告げて、人民を災いから救うため、仮に何某の胎内をかりて顕われたる神なり」と言って、そのまま死んだという。

妄説はそもそも誰が言い始めたのか、その近村はいうにおよばず、熊谷駅まででもこの話を信じて餅を搗く者が多いという。

コレラを恐れるならば、

その筋よりのお達しを守り、諸新聞が載せる予防法でも読めばよいのに、文明に開けない人はとかく奇怪の話でないと信用しないから、これには困ります。

◎『東京絵入新聞』明治一三年四月六日

海坊主が村守る

講釈や狂言で諸君ご存じの船頭桑名屋徳兵衛が海上で出合ったという海坊主という怪物が、このごろ眼前に現われたという話。

本月七日のこと、上総国《かずさのくに》夷《い》隅《すみ》郡部《へ》原《ばら》（勝浦市）浦のカツオ釣り船が、長吉次郎をはじめ、九人乗りで同浦を出帆し、沖合で漁を始めた。その日はカツオもたくさん釣れて、だんだんと船を流し、北東の方へと行くと、潮の流れが速いため、もとの場所へエイエイと漕ぎ戻し、同国鳥山沖あたりにて、その日も午後五時過ぎになり、櫓を押し切って部原浦の沖合まで来たころには、日も入り果てた。

大白の光きらめく海面遥かに、ふだん見馴れた長秀山も遠目にそれとは見えかねるばかり暗くなって、沖合を漕ぎ行く船の右の方一〇〇メートル余りも隔てた波間を分けて、突然、海上へ顔を差し出した怪物。その大きさは、四斗樽を三つも寄せたほどで、馬のような鼻面に、両目が鏡のようにあたりを見廻すありさまに、船中一同、ハッとばかり、恐ろしさに櫓を離して、生きた心地がしなかった。

しばらくして、ガバッと

音がして、そのまま海底に沈んだので、ようやく一同は息をして、命からがら漕ぎ帰った。村の者にことのしだいを物語るのを聞いた八十歳余りの老人が、「それは世に言う海坊主という怪物だ。この沖合に昔出合ったという者がいたという話を若いころに聞いた。無難に帰ったのはめでたい」といって、酒を酌み交わしてお祝いした。

その見た姿を絵に描いて、コレラ除けとして、同村では家ごとに門に貼り付けており、不思議に同村には悪病に感染する者は一人もいないので、海坊主様がお守りなさるとまで言って、この図像をしきりに信仰するという。

◎『安都満新聞』明治一二年一〇月二〇日

大黒天を世に出す

この話は、夢の話なので、新聞も夢の中と思われて、お読みくだされたく存じます。

さてその夢は、道頓堀西《どうとんぼりにし》櫓町《やぐらまち》（大阪市中央区）の芝居茶屋三亀《さんかめ》の若者源七（三一歳）という男が、このあいだの夜の十二時ごろ、自分の枕元に人の声がして、「源七、源七」と呼びつけるので、なにごとだと頭をもたげてよく見ると、溢れるような笑顔、左右の手に槌と米俵を持って、同じく米俵を踏んで立たれる、大黒天であった。

源七は驚きながら、襦袢《じゅばん》の襟をかき合わせ、脱いでいた越中褌《えっちゅうふんどし》を探して前を隠し、蒲団の上にちょこんと座って、恭しく頭を下げて、「何の御用で現われ賜いしか」と問うと、大黒天はニコニコと笑って、「我は当家の板の間の下にある土中に、年久しく埋もれている身であるが、汝、我を世に出してお祀りすれば、この家の繁栄を守り、汝にも幸福を与えるべし。ゆめゆめ疑うべからず」とのたまいて、掻き消すようにいなくなった。

源七はあまりの名残惜しさに、「大黒さま、大黒さ

ま」と二声あげたのは本当だが、大黒天を見たのは夢であった。目覚めてのち、不思議な思いがして、今の姿はいずれへ行ったのか、あたりを見ても棚に提灯《ちょうちん》箱が並んでいるだけで、ほかにそれと思うものもない。いよいよいぶかしく思ったが、夢は五臓の煩《わずら》いとかいうので、我が心の迷いであろうと思って、その夜はそのまま眠った。

翌日の夜も、また同じ時刻に同じ夢を見て、しきりに大黒天が世に出せ、世に出せと迫る。また次の夜も同じく変わらない夢を見て、三夜も続けて同じ夢を見たので、源七は今のは正夢だと思うようになり、翌朝、親方の女房（以前は伊丹幸店の芸妓亀吉）に向かって、一部始終を物語った。女房も不審に思い、さすがに捨て置くこともできず、板の間の床をはずして見ると、そこには焼き石を多く積んであり、もしやこの下にもあるかと、これを取り除くと、不思議なことに一五センチばかりの真っ黒な大黒天の木像と、一五センチばかりの陶器の土蔵とが、土に埋もれていた。

さては正夢であったかと、源七をはじめその家の人々は奇異の思いで、まったくこの神が夢に入って告げられたに違いなく、このような生き神を得たこの家の幸福はたとえようもない、お祀りして繁栄を祈ろうと、俄《にわか》に大工を呼び寄せ、棚の上に立派な社《やしろ》を営み、神酒よ鏡餅よと供えるほどに、近傍の芝居茶屋もこのことを伝え聞いて、我も福に預かりたい、我も幸を祈らんと、さまざまな供物を奉る者が多く、あたかも先年の「ええじゃないか」のときのように、一間は供物が詰まってしまった。何店の芸妓某の俳優といって、あるいは提灯を奉り、あるいは灯籠を捧げるなど、俄に始まった賑わいは、その日からの一家の繁昌で、南地で評判が高いという、源七の洒落ではないかしらん。

◎『朝日新聞』
明治一四年一一月二五日

洞穴からの警告

下総国《しもうさのくに》鹿島《かしま》の近村で洞穴を発見したが、不審に思って村中が集まって評議し、綱を下げて一五〇メートルほど下り、やがて引き上げてみると、綱の先に書翰がついていた。それを開いて見ると、「近々、当村に大変な事がある。その様子を聞きたければ、当村に九十余歳の老人がいる。同人を遣わすべし」とあった。

老人へその趣を告げると、当人が言うのに、「もはや人間の余命を遥かに超えたのだから、いささかも惜しむべき命ではない。皆のためになることならば、すぐにでも穴に入る」と。大勢で老人を穴に入れ、あらかじめもし綱が動くことがあれば引き上げるという約束をしておいた。

ところが穴に入って一両日、綱が動かないので、どうしようかと誰もが心を痛めていたが、三日目の夕刻に綱が動いた。引き上げてみると、老人は無事で、子細を尋ねてみると、「話をすることではないが、人の助けとなることだから申し述べる。それは、近々、火が降ることがあって驚愕するが、しかし命には差し障りがない」という。

評者いわく。凡庸の愚慮をもって神明仏陀の幽玄通力をうかがえば、きわめて不思議なことである。もとより論じるにおよばないが、法の尊いことを主として、神仏の威を借り、あるいは託宣、あるいは夢想と偽って、愚夫愚婦を惑わす類は、古来少なくない。前に書いた洞穴の話も、書翰を綱につけて老夫を招き、百歳に近い老人をもって三日間穴においても生命に別条なく、ふたたび地上に出て事変を告げるなど、前後付会の妄説と思う。

なぜかというと、最初に寄越した書翰は、野夫村民にも通じる文字なので、その筋へ訴え出て検査のうえに取り計らい方もあるだろうに、老夫といえどもはなはだ人間を軽率に扱う者どもである。かつまた、その土地を守護する神霊のお告げか、またはほかの神命だとしても、土地の事変を告げるときは直ちに公評をして郷民自身の取り計らいをすべきでないのが当然であろう。とくに神は非礼を受けないと聞くに、前述のように事理顚倒の者へ、神より大切な冥感を告げるというわれはない。これらは狐狸の魔術に陥った者どもだろう。世に虚心平気のやから、天狗に捕らえられる不思議があっても、災害を未然に告げる神仏はなし。もしあっても、前述などと同じではなく、たまたま御《おん》嶽《たけ》富士講などの中座と称して、囈語《げいご》と同じ神仏のお告げを信じるやからは少なくはない。

総じて、東京府下をはじめ辺鄙《へんぴ》僻邑《へきゆう》にいたるまで、右のような教えなき者どもへは、その土地の賢明な人よりよく諭して、ひとしく開化の域に入らせたいものである。

◎『横浜毎日新聞』　明治五年五月二三日

盗まれた鐘が戻る

大粒の雨が軒を打つ音がポツリポツリ、遥か寺町の方から丑満《うしみつ》の時を報せる鐘の声が陰に籠もってボーン、これをきっかけに、庭の隅においてある梵鐘がムクムクと動くと思うやいなや、中からヌッと現われ出て、龍頭の上にスックと立ったのは、さながら観世音《かんぜおん》と弁財天と天津乙女を一つにしたような、神とも人とも仏とも見分けられない、一個の怪物。

折からふと目を覚ました、この家の主、浅井安太郎（日本橋三丁目）が、これを見て肝を潰し、蒲団の上に起き上がって、「助けてくれ」という声も、霜の夜に弱まるキリギリス、両手を合わせて震えているそのとき、怪物は手に持った糸桜の薪で安太郎を招き、「我こそは、汝がこの間から預かっているこの梵鐘の精霊にて、妖怪変化ではない。決して驚き恐れるべからず。そもそもこの梵鐘は、汝は知るまいが、大阪府下はいうまでもなく、日本に播州《ばんしゅう》尾上《おのえ》の梵鐘とただふたつなき銘器にて、長柄《ながら》村（大阪市北区）にある鶴満寺の寺宝なり。中国・西晋の恵帝太平十年、すなわち日本の応神天皇三二年にあたる年の二月（今から一五〇〇年前）に初めて鋳造された。その後、我が国に渡来して、いったんは長州《ちょうしゅう》萩《はぎ》の城下の土中に埋もれたが、ふたたび世に顕われて、長州の太守から今の鶴満寺に寄付され、希代の銘鐘と

仰がれたものを、名もなき悪漢どものために盗まれて、このような汚辱を受ける悔しさよ。汝、もし我をこのまま鶴満寺に返せばよし、さもなくして一日でも遅れるときは、一家の者をことごとく祟り殺すぞ」と、鋭い目でハタッと睨まれた。

　その恐ろしさにアッと一声叫ぶと、とたんに目覚めて、さては今のは夢であったか、このような霊ある銘鐘を片時も家には置いておけないと、夜の明けるのを待ちかねて、預け主である悪漢甲乙《だれかれ》に、昨夜の夢を物語れば、甲乙はあざ笑って、「てめぇも商売をしていながら、夢ぐらい見たからといって、そんなにビクビクする奴があるものか。もとはといえば、いつまでも売らずにおくからそんなことになる。早く売ってしまえば、四の五の言わせないのだ」と。

　やがて戎橋北詰《えびすばしきたづめ》久左衛門町の古金商丸尾治三郎方へ車に積んで行き、西国のある寺より売りに来たものなので、買ってくれと頼んだ。治三郎は、いかにもよい梵鐘なので、早速買ってさしあげたいが、規則通りに何州何村何寺の什物《じゅうもつ》ということから、その寺の住持ならびに檀家惣代が承知したという印、または戸長の奥印を押した証書を持っておいでなされ、と言われて安太郎はびっくり。「なにぶん私は使いの者なので、本人に聞いてただちに参ります。その間、お邪魔ながらお預かり下さい」と、梵鐘を置いて逃げ去ったまま、一日二日とたっても音信がない。

　治三郎は疑念を起こして、ただちにその筋へ届け出て、折しも安太郎をはじめ梵鐘を盗んだ甲乙も、その筋に捕まったので、梵鐘は長堀警察署へ取り上げ、このところ吟味中であると。

　梵鐘の霊が夢枕に立つなどとは、弁慶が担ぎ出した三井寺《みいでら》の梵鐘の二の舞で、承知しにくい話であるが、名にしおう銘鐘が形を失わずに、ふたたびもとに還るという嬉しさに、怪しき挿絵をも加えてみました。

◎『朝日新聞』

明治一五年三月七日

会津で石の仲人

　会津《あいづ》若松《わかまつ》赤井町で長年薬種屋を営む江戸屋七郎右衛門が、常に取引をする北越五泉《ごせん》町（五泉市）の同業何某が、若松へ来る途中、旅籠《はたご》で見た夢は何処とも知らず、一つの黄色い石が枕元に転び来て、「わらわは、高久河原《たかくがわら》に長年ある宝石であるが、あなたが行く江戸屋の地面内にわらわの雄石があれば、なにとぞわらわを拾い上げ、その雄石と一緒にして」と、誰言うともなく頼まれたのを承諾するという夢が破れて、夜半の嵐の音のみしていた。

　何某は大いに怪しみ、高久河原がどこだか聞いて、わざわざ行って河原を見ると、やはり握り拳ほどの黄色い石があったので、ますます奇異の思いがして拾った。

　江戸屋へ着いて、このことを語ると、七郎右衛門も手を打って、「不思議なこともあるものかな。我も同様の夢を見たが、物に紛れて、庭内にあると聞いた宝石を探さなかったが、雌石を持って来られたならば、早速、雄石を探してみよう」と庭を掘ると、高久河原の石と同じような石を発見した。二つを並べてつくづく見ると、雄石には指が入るほどの穴が二つあり、雌石にも同じぐらいの穴が一つある。

　試しに吹いてみれば、何とも言い難い妙音がして、その音は二〜三〇〇メートル先にまで聞こえる。遠く離れて聞くと、雄石は少し低く濁った音で、雌石は細く高い音である。穴は人工的にあけたものとはみえず、まったく天然のものであるという。

夢語りだけは信じられないが、石は確かに見たといって、金石みな鳴るという秋風の便りにつけて、知らせられた。

◎『東京絵入新聞』明治一三年一〇月一〇日

白蛇が悪狸を告発

快力乱神は語らずというが、ことに奇妙な夢物語などは、記者もあまり好きではないが、報せをそのまま本日の絵入りの記事にして、観客に一粲《いっさん》に供しよう。

さて、谷中天王寺《やなかてんのうじ》門前のあたりに住む堀越順蔵（五八歳）という理髪職人は、生まれつき鳥類を愛し、大小の区別なく家に飼って楽しんでいた。近頃、毎日その鳥のうちから紛失することがあるので、これは近所の者が盗んでいくに相違あるまいと、油断なく動静を窺っていたが、ことさらに疑うべきこともなかった。

このうえは、犬猫に注意して、もし鳥を食うところを見つけたら、撃ち殺してくれようと目を配っていた。

ある夜の夢に、年頃はまだ二〇歳に満たず、写真絵で見る官女のような姿をした上臈《じょうろう》が、順蔵の枕元に来て、座って言う。

「私は数百年前より谷中天王寺境内にある五重塔に棲

む白蛇であるが、多くの子孫もあり、いずれも寺内の安全を守護する者である。しかし、近頃、道灌山《どうかんやま》に年を経て棲む一匹の大狸が、天王寺の寺内に住み処を変えてから、私の子孫・眷属の小蛇を奪い喰らうのみか、私まで喰らおうとする。もとより数百年も棲んでいる身にすれば、大狸なぞは恐れることはないのだが、このまま捨て置けば子孫・眷属の者が喰い尽くされると、密かに歎き悲しんでいた。その折、このほどあの大狸

が貴殿の家で飼っている鳥類を取って喰らうばかりか、罪のない犬猫に疑いがかかると知った。よって今、夢の中に出て、このことを告げるのは、なにとぞ人間の手を借りて、あの大狸を罰してもらいたく、二つには貴殿がほかに疑いがあるのを解いてもらいたいため。明日にも同寺内の墓所を捜して下されば、盗まれた鳥類のあとを見ることができるでしょう。ゆめゆめ、他を疑うのではなく、あの悪狸を退治して憂いを除くべし」と言うかと思えば、夢から覚めた。

　あまりの奇異に、順蔵は、翌朝早速、天王寺の境内に行って捜したところ、はたして喰い散らかしたと思われる鳥の羽があたりに散乱し、骨などもあったので、いよいよ鳥がいなくなったのは狸のしわざだ、このうえは狸狩りをはじめて、鳥の仇、二つには蛇の怨みを晴らそうと、近くの若者らと相談すると、いずれも面白いといって同意したので、近日、大勢で狸征伐にでかけるというが、狸をもとにした話なので、まずは眉に唾をして読んでほしい。

◎『開花新聞』　明治一六年五月五日

怪物札を買え

葛西金町《かさいかなまち》の豪農板倉某方へ、一両日前に三人連れの男が怪しい図を数枚持ってきて、「これは、天保年間、西海の沖に、毎夜光を発する異形の怪物が現われ、『我は海中に住んで、天部の諸神に仕える天彦《あまひこ》と申す者なり。今より三十余年ののち、世界が消滅するときになって、人間がことごとく天災によって尽きることがある。そのとき、我が像を写して軒ごとに貼っておけば、天災が安楽長久の基《もとい》になるだろう。努々《ゆめゆめ》疑うことなかれ』と誓って、姿形は消え失せた。このことは、今回噂が高くなっているように、来たる十一月には世界が一変するという説に符合すれば、その天彦の御影《みえい》を写して全国へ頒布しようと思っているが、家々を持ち廻ってはいたずらに日を費やすことになる。そこで、当村は貴家にて引き受けてもらい、村中の者へ理由を伝えて分与してほしい。ただし一枚五銭の定価だ。何百枚渡せば、村中の家に行き渡るか」と言うので、「このようなことは郡役所へいって頼むか、または戸長の家も近いので、そこで協議して取引しなさい」というが、「いや目下の郡長・戸長は、とにかく開化めかしていて、このようなことは理解しない。妄説などと言う者が多いので、由緒正しき貴家に依頼したい」。ただひたすら言い張るので、もてあまして、僅かに七、八枚を買い受けて追い返した。

　このようにして騙して歩くのは、この例のみに限らず、東京府下近村にいくらでもいるとのこと、早く駆除したいものだ。

◎『東京曙新聞』
明治一四年一〇月二〇日

夢がルーツに導く

世に正夢ということがあり、古くから物の本にも見えるが、はたしてそのようなことがあるのかないのか、記者らはいまだ信じることはできない。いや、断じてないと思うけれど、今日の絵入りは本人に密着取材して聞き取ったことで、茅場町の月兎居士《げっとこじ》より報せのままに掲載する。

葦が散る浪花津の廓《くるわ》の名がある新町の歌妓《うたひめ》、小山席のお蝶（十八歳）は、もとは同地の長堀五丁目にある廻船問屋伊豆屋幸七の養女だが、お蝶が七歳のとき、持ち船五艘が一年のうちに難破して、身代が傾いたうえに、手代が多くの負債をもち、とうとう財産・家屋は人手に渡し、堀江あたりの裏店に移って、ある会社の小遣いに雇われていた。

そのうちに女房のおつるは、明治十年に流行したコレラに罹って亡くなり、幸七も翌年の暮から患い、医者よ薬よと出費も多く、次第に負債もかさんでいった。そこで、やむなくお蝶を新町の小山席から芸妓の見習いに出して生計をたてたが、病気はますます重くなり、四年間も病床について、去年の二月頃は医者も見放し、この月は越せないだろうとの診断なので、お蝶は昼夜側にいて看病をした。しかし、その甲斐もなく、ついに臨終のとき、お蝶を枕元に招いて声も細々と伝えるに。

「今まで隠して言わなかったが、そなたの父は徳川の旗本で、某甲《なにがし》という人の実子だ。母は北新地の芸妓播長のおよしという者。父親はご一新の騒ぎのとき、将軍とともに江戸へ帰りなされた。

　そなたを産んだおよし殿は、もと私の家にいたお針婆の娘で、ときどき私の家に遊びに来たので、父親のこともうすうす聞いていたが、世間に憚る心があるのか、何という名の人なのか言わないので、私も聞かずにいた。

　そうこうするうちに、二、三年が過ぎ、父親からの音信もなく、生き死にさえも分からなくなって、およしは急病で頓死、木から落ちたようなそなたの身を不憫と思い、女房とも相談して私に子がないのを幸いに、引き取って養育したのは、そなたが三歳の年。

　本当の父母の顔さえ知らないうえ、養父母のために賤《いや》しいつとめをして、いまだ安心もできないうちに、養母といい私といい、長い別れをしなくてはならない。

　しかしながら、そなたは多くの客を接遇するので、万一、実の父親にめぐりあわないものでもないから、そのときは母親のことを語って、早く身を落ち着けるようにしなさい」

　これをこの世の名残にして、養父はあえなく息を絶えたので、お蝶は悲しみに限りがなかったが、葬式は席主の小山へ頼んで済ませた。幸七が遺言した実父のことが忘れられず、東京の客とか、旧旗本の人と聞けば、それとはなしに探りを入れるが、姓名が分からな

ければ手がかりもなく、父親恋しで暮らしていた。

もとよりお蝶は器量もよく、性格も柔和で、ほかの芸妓などとは違うので、自然と客の評判もよく、家に落ち着いていられないほどの売れっこ芸妓なのだが、今月三日、お座敷から帰って火鉢の前で新聞を読みながら、うたた寝をした。

すると、ふだんから話に聞いていた東京上野の戦争に、年の頃なら二七、八の武士が討ち死にする場面に自分がいあわせて、怖さ恐ろしさから逃げようとするのを、その武士が呼び止めて、「我はそなたの親の高田靭負《ゆきえ》なり。我は今ここで戦死を遂げるが、そなたは成長ののち仙台藩にいる兄望月に身を託し、長く我があとを弔ってくれ」と言うかと思えば、夢が覚めて、窓より入った自分の名と同じ蝶が、座敷を飛び廻った。

不思議な夢に驚かされ、目を覚ましたお蝶は、さてはいつも誠の父親に逢いたいと思っている一念がかなって、今の正夢は戦死をされたのち、誰も弔う人がいないので迷っているということらしい。ともかく東京に行って、夢で聞いた仙台藩の望月とやらを捜して聞けば、分かることだろうと、翌朝、このことを席の主に話した。

席の主は、そのようなことをあてにして東京に出かけるとは、いわゆる雲を摑むような穿鑿《せんさく》だから、止めたほうがよいと意見したが、お蝶は聞き入れず、どうぞ東京見物にやると思って承知して下さいと、強いて頼み込んだ。小山の主も、売れっ子のお蝶の頼みでもあり、とくに一途に父親を思う孝心に感じ入り、望みのとおりに承諾した。そして、同店の清助という老人を供に連れて、去る八日、神戸を出帆する郵便船に乗り込んで東京に来た。

十日の午前、新橋のステーションへ着くやいなや、かつて大阪で愛顧を受けた築地あたりの某紳士を訪ねてことのしだいを物語った。するど、「夢の虚実は知らないが、仙台の旧士族は何人も私の家に遊びに来るので、そのような名の者がいるかもしれない、まあまあ、私の家に泊まっていなさい」という親切に世話になった。

いろいろと探索すると、不思議にも金杉村に寄留する宮城県士族望月某というのは、たしかに旧幕臣の兄だと知らせた者がいたので、すぐに訪ねて行って、夢物語をすると、同人は驚いて、「いかにもそれがしの弟は、上野にて戦死を遂げた高田靭負という者だが、戦死の前日にそれがしに、大阪に遺した女子がいるとまでは語ったが、そのまま別れて死んだので、どのような方に預けたのか、それさえ聞いていない。その姪が見た正夢に実父を慕って、はるばる上って来たとは、不思議なことだ」と、夢のような心地をした伯父よりも、なお、お蝶は養父幸七が臨終に告げた一部始終を物語って涙に袖を濡らし、ますます夢に驚いた。

翌日、望月とともに実父の墓に詣でて、生きている人に言うように、不孝をわび、かつ菩提所へ若干の金を永代供養料として寄付し、伯父のもとから実父の写真を貰い受け、昨日出帆の広島丸にて帰阪したが、知り合いの茅場町の某にこの話をしたとの知らせがあったので、書いてはみたものの、奇妙な話なので記者も夢をみた心地がしている。

◎『開花新聞』明治一七年一月二三・二四日

フランスの神童

フランス南部からの知らせに、近頃、不思議な童子が顕われたという。

この童子がいる所は、フランスの片田舎で、ふだんは都会人が来ることも稀なセベネス原野のニマキューと称する村。その童子はパーラインニテルポントという名の今年九歳になる童子である。

今日まで村内に生活して、かつて村外に出たことがなく、教育も不十分で、片言で会話している。ところが、この童子がときに純粋なフランス語を話すことがある。もっともこの不思議なことは、いつでもできることではなく、ただ時として呆然と我を忘れたようなときもある。

この村に聖アマンと称する会堂があり、その前にある鐘楼にかつては鐘があって、拝礼時刻を民衆に報せていたが、今はその鐘はどこかにいってしまい、ただ楼だけがある。

ところが、ある日、例の童子は何者かが乗り移ったような様子となって、人々に話をした。「あの鐘楼に百数年前まで鐘が懸かっていたが、のちその鐘は墓地に埋没して、いまもなおそこに埋もれているので、これを掘り出すこと。かくかくの所にあり、そこを掘ればはじめに二つの髑髏があり、その下数尺に鐘がある」。

言うことがいかにも不思議なので、二、三人の農民が鍬を取って、童子が指示した所を掘ったところ、二つの髑髏が出たので、ますます深く掘り下げたところ、ついにあの童子が言ったように鐘を掘り当てた。

これより、村民はこの童子を尊信して、ほとんど拝まんばかりになったとは、いずれの時代、いずれの土地にも、迷信家は絶えないものとみえる。

◎『都新聞』明治二九年一一月七日

哀しい火の魂

新聞屋さん、ありゃどうです、と急に来る大阪難波《なんば》村あたりの幽霊話は、瀬戸物商村田利八という者の家に、目の不自由な娘しかという者がいた。家を分けて地歌三味線の稽古所をやっていたが、浮き草は思案のほかのさそう水、三ツ寺町より稽古に通う源七と一夜の契りを結んでから二、三年、前よりたびたびの懐妊はともかく難産続きで、ま

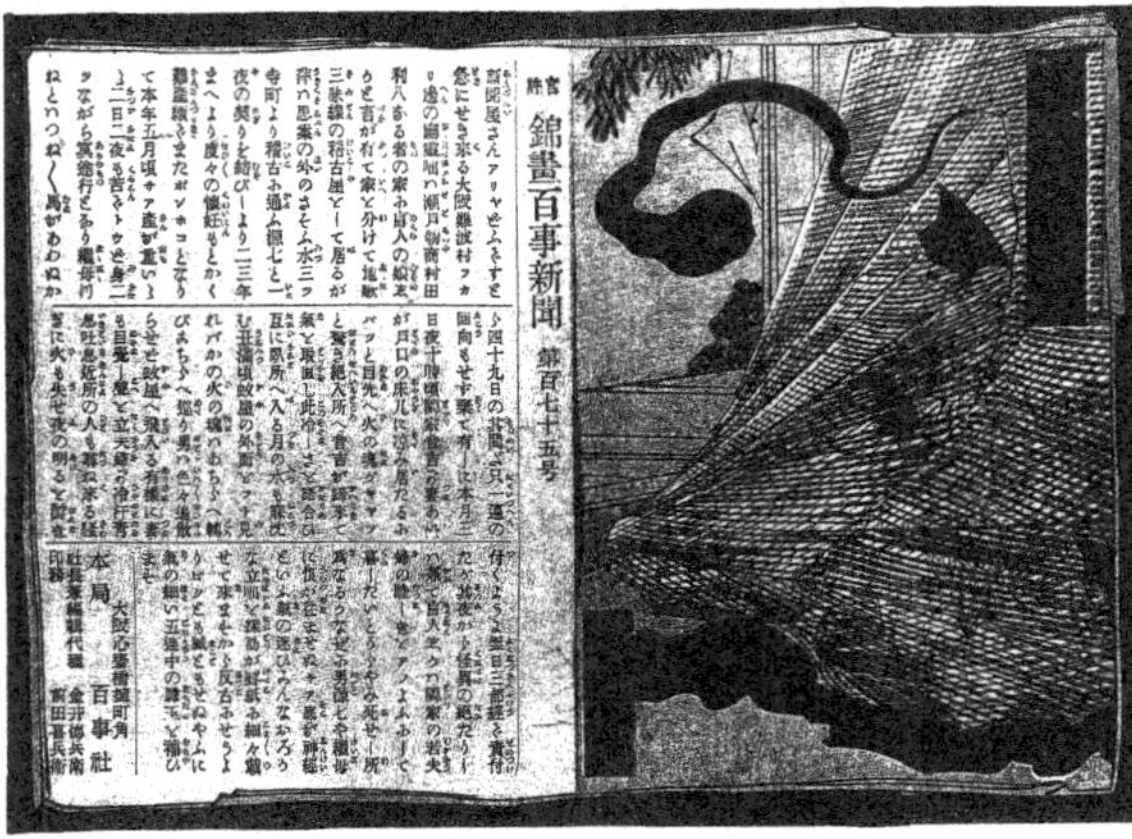

た妊娠して本年五月頃、サア産が重い、二日二夜も苦しんで、母子ともに冥途行きとなる。

継母のつねは、馬が合わないから、四十九日の間にただのいっぺんの供養もしないで捨てておいた。本月三日夜十時頃、隣家の音吉の妻あいが、戸口の床几《しょうぎ》で涼んでいると、パッと目の前へ火の魂が。キャッと驚いたところへ、音吉が帰って来たので気を取り直し、この涼しさを語り合い、互いに寝床へ入る。

月の水も寝静まる丑満頃、蚊帳の外をふと見れば、あの火の魂があちらへ転がり、こちらへ巡り。男は追い散らすが蚊帳へ飛んで入り、そのありさまに妻も目覚めて声を立て、夫婦が冷や汗、青息吐息でいるところへ、近所の人もやって来る騒ぎになった。火の魂が消えやっと夜が明けて翌日、三部経で責めつけたが、その夜から怪異が絶えたのは、しかが隣家の若夫婦の仲睦まじいのを、あのように暮らしたいとうらやみながら死んだせいだが、なぜ源七や継母に怨みが向かわないのか、そこが神経という気の迷いでしょう。

こんな愚かな立ち話を、記者が罫紙に細々《こまごま》と書いてくるので、本当かウソかわからないけれども、この話題を提供します。

◎『錦画百事新聞』第一七五号

騒々しい水瓶

草木のそよぎ、流水の音も、あるいは風により、あるいは逆らうものによって、声を発する。さもあらん、金石さえも鳴るかといえば、酔客のブウブウ、貧乏人のピイピイはいうにおよばず。

詩文人は金声玉振（才知や人徳が調和してよく備わっている）を心掛けて推敲《すいこう》し、諸職工もスウスウと勉強して腕を鳴らそうと業に励めば、その名も日本中はおろか外国までも鳴り響く。

そのように鳴らないはずのものが鳴るのが、いままで聞いたこともない品、深川大島《おおじま》町（東京都江東区）

二番地の小沢喜助という酢製造業の店先にある水瓶。去る三十日の午後五時頃から、ふと鳴り出したその声は、一〇〇メートル四方にも聞こえるほどの響きで、店の者をはじめ近所の人まで、不思議、不思議と耳を傾けて聞き入る人もあれば、薄気味悪いといって飛び退く人もいた。なみなみと水を汲んでおいたので、店の者がその蓋をとって見ると、瓶の中の水は響くにつれて波を打っていたが、長くは鳴っておらず、すぐに静ま

ったので、吉事の知らせか凶事のお告げかと、富岡八幡宮でお神籤《みくじ》を引くやら、いろいろ心配したという。

　しかし、吉事の知らせだといって商売を怠っていれば、たちまち凶事にもなり、凶事のお告げだといっても上下が気を揃えて万事に慎んで稼ぎさえしていれば、吉になるは、勿論のこと。この小沢さんも、ますます盛んに稼業を勉強すれば、水瓶よりもウンウンと金がうなるようになりましょう。
◎『東京絵入新聞』

明治一〇年一二月五日

「竜神石」を返せ

『雲根志《うんこんし》』を著した石癖家も近江《おうみ》人ならば、この奇石の奇談が近江にあるのも奇なりというべし。

　同国蒲生《がもう》郡上野田《こうずけだ》村（日《ひ》野《の》町）に森田藤造という者がいた。近傍の山林より薪をとって生計をたてる貧しい者だが、形状の異なる石、色が普通でない石とみれば取って帰って弄《もてあそ》び、同好の人がいれば販売などもして、世を送っていた。今から二十年ほど前、同郡の綿向山《わたむきやま》の滴ケ《しずが》谷《たに》という地で薪を取っていたとき、渓水の流れの岸に形も質もたいへんに異なる石を見出したのは、藤造の喜びはたとえようもなく、担いで帰って庭に置き、水を注いで塵を洗った。

　つくづく見ると、その色は青く、諸所に白い斑《ふ》があり、なかに二条の白い斑が連続している部分は、いかにも珍しいとして、我が家の第一の宝石と誇っていた。

同好の人も奇石として愛でるが、あえて望んで手に入れるようなこともせず、ほかの石は追々に売り尽くしたが、この一個だけは残った。

　怪しむべきことに、この石を得てから藤造は病がちになり、家族もまたかわるがわるに病気に罹り、悩む日が多かった。ある年の冬の初め、この石の下から一匹の白蛇が顕われ出て、前栽のなかへ入ろうとしたのを、藤造は素早く見つけて、竹をとって白蛇を押さえ、石の下に埋めてしまったことがあったという。

　その後、同郡綺田《かばた》村（東《ひがし》近江《おうみ》市）から婿を迎えて娘と結婚させたが、半年もしないうちに家内に波風が起こって、ついに離縁してしまった。その後は、とくに病気や災害が絶えず、ほかにも不幸なことが続いたので、誰言うともなく、藤造の家には石の祟りがあり、滴ケ谷から取って来た石には霊ありなどと噂する者が多かった。最初はあらぬことと聞き流していたが、のちにはもしやと思うようになり、安心できなくなって、ついに藤造から同村の正覚寺に納めた。それからは森田家にも不幸なく、またこの石について奇妙な話も絶えて聞かなくなった。

　今年の旱魃《かんばつ》は各地で起こっているが、蒲生郡の村々は七月一日より八月にかけての四十余日間に一粒の雨もなく、百姓は村内の神社・仏閣に雨を祈るのみならず、遠く多度《たど》郡鈴鹿《すずか》（鈴鹿市）の二神に祈誓しても、そのしるしはなかった。綺

田村はとくにひどく、溝渠《こうきょ》は塵をあげ、堀井は朝夕の用にも欠くようになり、田畑に灌漑《かんがい》して旱損を防ぐ術もなく、日夜ただこのことのみを憂いていた。

　ある人がふと、この奇石のことを語り出し、石の質はもと水を吸収するものだから、水気のあるところに雲が生ずるので石を雲根というのもいわれがあることだから、石に雨を祈るもまた理があるというべし、ならばまず試みに正覚寺に頼んで例の石を村に移す手続きをすることだと衆議一決した。寺へ行って丁寧に頼み入れたところ、寺僧も旧事を語り、求めに応じたので、綺田村の人はことのほか喜び、八月十二日の午後、若者数十人で村に移そうとしたところ、小谷村という地にさしかかる頃から雲が覆って小雨が降り出したので、若者らは力を得て、急げや急げと道を早め、七時過ぎに綺田村に帰り着いた。

　石は村の北方にある丘の上に安置し、汗を拭きつつ途中にて霊験を語る間もなく、ふたたび驟雨になって、盆を傾けるようで、村人は避ける間もなく、皆濡れそぼちて家に帰った。ただひたすら、この石の奇異なることを称えて止まないので、このことはたちまち上野田村に聞こえ、同村の人が集まって言うに、あの霊石はもとは本村人の所有物なのだから、綺田村に頼んで速やかに我が村に移すべしと言い、また正覚寺の許しを得て、綺田村に掛け合うべしという者がいて、そのようにすることを決めた。

まず正覚寺に行って、このことを申し入れたところ、寺僧が熟考して言うには、「石はもとは本村人の所有であったが、雨乞いのことを思い立ったのは綺田村の人の才覚である。であれば、返すように申し入れるにしても、一歩譲らなくてはならない。旱魃のときに用水の争論があるのは珍しくもないが、つまらない争いを引き起こさないともわからない」と、丁寧にそのやり方を教え示してくれた。

上野田の村人もよくその意を得て、同寺の檀頭一人を惣代人として、これに村人数人を付き添わせて、綺田村へ遣わした。相談は調い、事故なく奇石を引き渡すことになったので、準備してきた縄・丸太などを持って、綺田の人の案内で丘の上に行き、石に縄をかけて数人で担ぎ出した。黄昏時になって丘を下り、一キロ余りも来たと思ったとき、俄に西風がさっと吹き出して、雲が空を覆うと見る間に大雨が降り出し、さながら篠を束《たば》ねて投げるようで、道を照らす松明も消えて、恐ろしさは言うばかりもなかったが、かろうじて村へ帰り着いたのは、八時を過ぎる頃だった。

翌朝、村人一同の議により、石を湧泉の沢という所に安置し、竹柵を結い廻らし、前に壇を設けて酒精・米などを供えて雨乞いをすると、十八日から四、五日間、降雨がしばしばあって、田畑が潤ったので、村民の喜びようは言うまでもなく、竜神石と称して、拝みに来る者は引きも切らず、このことは遠近に聞こえて、たいへんな奇談となった。

石の高さは九〇センチ余り、幅は四〇センチ、厚さは一〇～二〇センチほどで、石質は脆く、疎にして滑らかではない。白い斑のうちに、二条は白蛇が二頭相対するようにある。

村人の説は、もとより奇に過ぎて信じられないが、この石を移すときに幸い降雨があったというのは、近来希有の話なので、詳細を記して投稿するといって、その近い村より図を添えて寄せられたのを、そのまま写して、ここに掲げた。

◎『絵入朝野新聞』明治一九年九月一五日

■コラム2

予言する幻獣

明治時代の新聞には河童《かっぱ》や人魚といった誰でも知っている幻獣から、巨鳥と見紛うほどのクマンバチ、羽がないのに飛行する虫などなど、さまざまな不思議な生き物の捕獲談や目撃談が掲載されている。何とも信じられないような話だが、現実にその生き物を目の当たりにして写し描いたという挿絵までも添えられた記事もあるくらいで、驚きを禁じえない。いっぽうで、まだまだこんな不思議なものたちが跳梁できた明治という時代に憧れと親しみをも感じるのは私一人だけだろうか。

ところで、こうした不思議な生き物の中でも現代人には想像を絶する存在といえるのが人々に予言を伝える幻獣たちだ。動物が言葉を喋るというだけでも仰天だが、未来を予言するなどといったことが行われていたのだ。そして、彼らの予言は信じられ、村中がそのお告げに従ったという記事さえもある。本書にも越後《えちご》国の出来事としてそうした状況を記録した記事が収録されている。湯沢駅あたりの家々の戸口ごとにおかしな絵が描かれている紙が貼られていたのだが、その訳は付近の田んぼに出現した天日子尊なる異形の生き物が七年間にわたる村の凶作と人口の半減を予言し、その災いを逃れるには天日子尊の姿を描いて貼り置いて朝夕拝めと伝えたのである。その言を信じた村人たちは挙《こぞ》って戸口に天日子尊を描いた紙を貼っていたのだ。

突拍子もないようなことだが、そう感じるのは現代に生きる私たちの想いであって、当時の村人たちの行為を単純にあざ笑うことはできない。彼らにとって何年にもわたる凶作は個々人の貧困というだけに留まらず、自分が所属し、祖先から営々と引き継がれてきた共同体としての村の存亡に関わる一大危機なのだ。ましてや、打ち続く凶作の結果として村の人口が半分にもなるとのお告げは衝撃的だったのである。旱《ひでり》や長雨による凶作を防ぐ術はただただ祈るしかなかった村人たちにとって天日子尊のお告げは藁にも縋ろうとする切なる願いを受け止める人智を超えた神の声であっても、決して胡散《うさん》臭い妄言ではないのだ。

明治九年六月二一日の『長野新聞』には図（次頁上段）のような三本足の尼彦入道なる幻獣についての記事が載っている。それによると尼彦入道は肥後の海中から出現して、六か年の豊作にもかかわらず、国中に難病が流行して六部

尼彦入道

アリエ

通りも人が死ぬとの予言を伝えたという。そして、難病を逃れるには尼彦入道の姿を描いて朝夕拝め、とも言ったという噂が広がっているとのことだ。さらに、『長野新聞』はこの記事の九日後の六月三〇日に、今度は六月一七日の『山梨日日新聞』に載った予言獣出現の記事を紹介して、そうした衆を惑わす妄説を信じることを戒めている。

では、『山梨日日新聞』の記事とは、というとアリエなる予言獣出現を記したものである。記事に添えられたアリエ（右下の図）は恐竜に似た姿をしているが、怖さは微塵も感じないばかりか、短足で口を尖らした格好は何とも愛らしいキャラクターだ。だが、このアリエが肥後の海中から現われて、夜な夜な往来を歩き回ったのである。誰もが気味悪がって寄りつかなかったが旧熊本藩士が近づいたところ、アリエは自らの身分を海中鱗獣の首領であると明かし、予言を伝え始めたのである。その予言は六か年の豊作とコロリ（コレラ）の流行により世の人の六部通りが死ぬという内容で、『長野新聞』の尼彦入道のケースと同じだ。また、自分（アリエ）の姿を描いて朝夕拝むことで死を免れるというお告げもそっくりだ。

この噂が広まって、肥後では家ごとにアリエを描いた紙が貼られ、稼業も棄てて信心している人もいるくらいだとの話が伝わっている。そして、山梨でもチラリホラリ同じような紙が貼られていると報じている。予言獣のお告げはそれほどまでに大きな影響力を持っていたのである。文明開化を声高に叫んでいたころにも旧幕時代から続く迷信や陋習《ろうしゅう》は人々の心にしっかりと根を張り、その行動さえもコントロールしていたのだ。明治一四年、世界が消滅するという噂が広まり、世間を不安に陥れた。そんな状況下の明治一四年一〇月二〇日、『東京曙新聞』に興味深い記事が載った。天彦なる怪しい像が描かれた札を売り歩く者が現われたのだ。その札売り男は、天保年間に天彦が出現して三十余年後に世界が消滅期に入って人々が悉《ことごと》く天災に遭うが、天彦の描かれた紙を貼れば安楽長久となるとのセールストークを繰り広げた。もちろんこれは札売り男のでっち上げだが、それほどまでに予言獣の存在は広く認知されていたということだろう。

予言獣というと人面牛体の件《くだん》がよく知られているが、すでに人々の記憶から忘れ去られてしまった数々の予言獣が日本のあちこちに跋扈《ばっこ》していたのである。そうした予言獣に再びスポットを当てることは日々営々と生きてきた当時の市井の人たちの心を覗くことでもあるのだ。

動植物の奇談

腹から不燃鳥

本月十三日、北海道後《しりべ》志《し》国《のくに》高島《たかしま》郡祝津《しゅくつ》村（小樽《おたる》市）の佐佐木儀三郎という者の遺体を、同村において火葬したところ、その腹の

中から図のような奇形の動物が火にも焼かれずに出てきたと、同村の駐在巡査より小樽警察署に届け出があった。

体長一八センチぐらい、足はカエルのようで、長さは一五センチぐらい。尾はネズミのようで、体は鳥で、二つの翼がある。何であるか、不明であるという。

◎『都新聞』明治三一年六月二八日

床下でポンポコ

お前は、本石町裏の髪結さんの家で、狸が腹鼓を打つという話をお聞きかい。新嘗祭《にいなめさい》の祝日に遊びに出かけたのかどうか、狸が一匹、裏口から飛び込んだところが、髪結さんが慈悲深い人だったので、縁の下に置いてやった。その晩に、一〇歳になる子が拍子をとって、火鉢の縁を叩くと、狸も浮かれだしたとみえて、腹鼓を打ち始めた。これは妙だ

と、誰も来てお聞き、彼もおいでと、近所の人を呼んで聞かせたら、狸もいい気になって夜更けまで叩いた。

ご亭主が寝るのにも困るものだから、腹をたてて、いまいましい狸めだとか、やかましいだとか言うと、なお大きな音をさせるので、困りきっていると、おかみさんが「これ、狸どん、もうみんな寝るのだから、どうぞ静かにしておくれ」と、やさしく頼むと、パッタリとやめたとさ。

それから、明くる日の昼

すぎから、腹鼓を打ち出したので、大勢、聞きに行く人がいるということです。

そうか、なんだか、場所柄といい、嘘のようではないか。

なに、けっして嘘じゃないよ。もしお疑いなら、だまされたと思って、髪結さんのところで聞いてごらん。
◎『東京平仮名絵入新聞』明治八年一一月二七日

結婚したい女狐

下総海上《かいじょう》郡小舟木《こぶなき》村（銚子市）に住む越川浅吉は、去る一月末頃から、気分が悪いと臥せっていた。ある日、突然飛び起き、その顔色もただならず、手当たりしだいに物を取って投げるやら、壊すやら、無性に暴れ回るため、家族の者は驚いてすぐに村内の医者を招き、治療をしてもらおうとした。

しかし、なかなか脈もみせないので、これは憑き物のせいに違いないと、いつも村で利口といわれる喜七、定吉、金之助という三人の者に頼んだ。

この三人は、病人と議論をするつもりでいろいろと細かく聞いたところ、浅吉はたちまち女のような身振りをして、「わらわは、衣川のほとりにある大木村に勧請されている巾着稲荷の第三女で、お三という者であるが、このたび願うことがあって、当所へ来る道すがら、犬に追いかけられ、

やむをえず浅吉の体をしばし借りました」という。

「願いの筋があって当地へ来たとは、どうしてか」と再び問われて、恥ずかしげに袂を口に押し当てつつ、

「女の口からは言いにくいが、この隣村の高田《たかだ》村の狐《とっ》山《か》稲荷の息子が、三年前、わらわの祠《ほこら》へしばらく逗留したとき、互いに思い思われて、嬉しい縁を結んだが、別れてあとは一度の風の便りもないゆえ、女心のやるせなく、はるばるここまで尋ね来た、心の内を推量し

て、狐山稲荷へ嫁入りの世話をお願いしたい」と、厚かましくも言うを、三人はグッと飲み込んで、すぐさま高田村へ行って狐山稲荷のある宮内利右衛門方に至り、どのような相談をしたのやら、早速、芝崎村の神主某が媒酌人となった。

去る一月二九日の午後五時頃、病人の浅吉を駕籠に乗せ、出発前になると、稲荷さまのご婚礼だと、小舟木村はいうにおよばず、近村の老若男女が我も我もと集まり、神酒だの赤飯だの油揚げなどと、銘々に土産物を持参して、ついにはめでたく狐山稲荷へ嫁入りをという。とかく、文明が開かない田舎には、こんなおかしな話があります。

◎『東京平仮名絵入新聞』明治九年二月二八日

タヌキの学校

これは近頃にない珍しい話というから、何ごとかと思ったら、広島県下、一大区三小区の幟町《のぼりちょう》小学校は、このたび立派に建築が調い、朝から生徒が大勢揃って「アイウエオ」と読むもあり、「汝はそこに何して」などと声を発するもあり。勉強が終わって、皆が帰ったあとは、誰一人いるはずがないのに、夕方からあとになると、毎晩「アイウエオ」を言う声や、これを教える教員らしい声がする。昼間と同じようだから、怪しむ者もいれば、怖がる人もあって、はじめは見に行く者はいなかった。

しかし、いかにも不思議

だと、ある人が行って物陰からのぞくと、数十匹の狸が学校に集まって、生徒のようにおのおの椅子に腰かけて、しきりに勉強をしている様子で、かなりおかしかったそうだ。

　これを見れば、「勧学院の雀は蒙求《もうぎゅう》を囀《さえず》る」と、古唐人がいったのもまんざら嘘ではないが、これから畜生社会も読書するようになれば、狸公《たぬこう》も腹鼓で聖恩のありがたいことをよろこぶだろうと、広島の梅坪芝園さんからのお知らせのまま。

◎『東京絵入新聞』
明治一〇年三月三一日

団子を食う地蔵

西洋各国の狐狸は、姿形を変えて人を誑かすことはないというが、この話は狐狸が愚かで誑かす術を知らないか、誑かそうとして人智に欺かれたものか。

ここに報じてきた一条の狸噺は、相模国《さがみのくに》小田原《おだわら》在の風祭《かざまつり》村（小田原市）の農民沢野新七が、薪をとろうと早川山に入り、黄昏近くまでかかって多くの薪を背負って麓に向かって下ってきた。日の長い頃なので油断して山に長居し、「今日は疲れた、いざ一服」と、途中の地蔵堂に腰かけて、背負った薪をおろし、タバコをくゆらす、「すりひうち」を取り出した。

かちかち山でもないので、狸のしわざとは思わず、堂内をみて怪しんだのは、いつも中央に立っている六道権化の石像が、いついなくなったのか姿が見えない。どんな魔風が吹いても飛ぶようなものではないし、ましてや屋根は朽ち、帳《とばり》も破れて、雨は漏っても落ちれば同じ谷川にとけて流れるものでもない。不思議不思議と頭を廻らして近くの藪をみれば、石地蔵がゆらゆらと焼き団子を食べながら、こちらへ向かって来る姿に、新七がつらつら考えるに、このような山陰に安置されて、六道銭はもとより、ビタ一文の賽銭をする者もいないだろうに、買い食いをする銭のあることが理解で

きないが、おそらく賽の河原の露店から一串掠め取ったものか。

　団子を石々ということはあるが、石像が物を食べるというのは、文明開化の世にも聞かないので、これこそ天狗・木霊が地蔵の姿形をかりているに違いない。何にせよ、奇怪のことをただ見過ごすのは弱きに似たりと、心に思い定めて、しずかに煙管を腰にさし、薪をとった手斧をとって、真っ向微塵と白毫《はくごう》（額）のあたりを目がけて斬りつけたが、怪しい地蔵像の姿形は朝陽の露のようにかき消えてなくなった。

　陽は暮れはてて、さっと吹く青葉の風の冷たさは身の毛がよだつほどすさまじく、出来事を理解する気力も今は抜けはてて、あえぎあえぎ家路を急いだ。

　家に帰って見てきたことを物語れば、近隣の誰彼も聞き伝えて、それは古狸のしわざだから、新七が斬ったというなら、そこらに死んでいるかもしれない、とにかく行ってみようということになった。

　提灯・松明をともして、連れだって例の藪に行ってみると、思ったとおりに年を取った狸が、頭をしたたか打ち砕かれて、息絶えていた。気持ちの良いことをしたと、麻縄をかけて担いで帰り、思わぬ獲物をえたと、二、三人が寄り集まって、その夜の寝酒の肴にしたのが、その月の半ば過ぎであった。

　あとになってみれば、例のお堂の石地蔵は、いつものように中央に立っていて、変わったことはないと。さすれば、地蔵がないと思ったのは、老狸が新七の目を誑かしたのであろうか。

◎『東京絵入新聞』明治一一年五月二九日

キレた守護狸

　鹿を馬といった秦の始皇帝の寵臣趙高《ちょうこう》の故事ではないが、馬と狸のひとくだり。本日の画入り記事に、おこがましくも書き載せた、一種異形のお話なれど、もと

よりささやかなことで、茂林寺の文福茶釜を八畳敷きに広げたほどにもない。ましてや「南総里見八犬伝」の甕襲《みかそ》の玉を持った妙椿狸の幻術もなく、我が身で我が身を投げ出したという、これも意識病のひとつなので、見る人は心して読んでほしい。

ところは瓦屋町《かわらやまち》（大阪市中央区）四番町三三番地に居住する乾物商の橋本源兵衛の雇い人元吉（二十歳）。四、五日前の夕方、凌ぎかねる暑さをしばし避けようと、二階の物干し場へ駆け上がり、素肌にとおる涼風は、夕顔棚の下に涼むふんどしひとつの快さ。それにまして、遠近の夜の景色を眺め、打ち揚がる花火をほめつつも、擦ったマッチでタバコをくゆらして、しばし涼んでいた。

　ふと小便に行きたくなり、落語で知られた有馬小便ではないけれど、二階から星の明かりにうずくまり樋へと流す小便は、これも一興、と言いながら立ち上がろうとしたところ、たちまち総身が震えだし、身の毛もよだつばかりに、前後もわからずに屋根より下にころげ落ちた。

　この物音に家族の者は何事だろうと裏口に飛び出してみれば、地上に倒れている者は賊であろうかと、明かりを照らしてよくよく見れば元吉で、すでに気絶しているありさまであった。

　驚きながら家に抱え入れて、医者だ薬だと騒いでいると、こつぜんとして元吉はスックと立ち上がり、その様子は衣川《ころもがわ》で弁慶が立ち往生しているようで、人々はふたたび驚いてどうしたんだと怪しむ顔を、ジロリと睨み付けて元吉は、一喝大声を発して曰く。

「そもそも我を誰だと思う。その昔、『難波戦記』にあるごとく、南山不落と称えられた大坂城も、時の勢いにいたしかたなく、口惜しや落城した元和の夏の陣のころよりも、今なおここに住居を定め、当家の火難・賊難を堅く守護する古狸なるぞ。それを、この元吉は知ってか知らずか、しばしば我の頭の上にタバコの吸い殻などを落とし、憤怒に絶えられなかったのを、今宵は頭上に穢らわしくも、また不法にも小便をかけ、あくまで我を軽蔑視するのははなはだ不埒である。そこで今よりこの者を、早く実家に戻すべし。もし言うことを聞き入れず、なおざりに捨て置けば、いよいよもって祟るべし。努々《ゆめゆめ》軽く思うなよ」

　と揚々として述べるのを、源兵衛は驚き恐れ、すぐに人力車に乗せて、見張りをつけて、さっそく天王寺村にある実家へ送らせた。

　さて、その夜も明けたころ、元吉は覚えがなく夢の覚めたように自分の実家に帰っているのを、いぶかしく思いながら、とりあえず雇い主の所へ帰った。いつものように仕事をしていると、またもや総身がわななき震え、正気を失ったので、源兵衛は驚いて元吉の前にうずくまり、頭を低くして敬いながら、自分の軽率を謝罪すると、ますます声を荒げて狂ったように駆け回り、治まる様子もない。源兵衛も困り果てて、このまま家にいられては、身にも家にも祟るであろう、そのときに悔やんでも遅いので、彼を追い出すのはやむを得ないと、元吉との契約を断ち、実家へ帰してしまったのが、このほどのことである。

　みる人、眉に唾して読みたまえ。

◎『朝日新聞』
明治一二年八月二〇日

死のささやき

世に恐るべきは心経病で、ここにお話しする怪談は、嘘と誠の堺県下、河内国額《かわちのくにぬか》田《だ》村（東大阪市）に通称を土手勘（三七歳）と呼ぶ、一人の百姓あり。妻をみね（二九歳）といって、夫婦の間に八歳を頭に二人の幼子があるうえ、みねはまた妊娠して、この五月にて七ヶ月目になる。夫の勘三郎は、毎日麦畑を耕し、茄子畑に水をやるなど、一日中、野外で働きつつ、夜は草鞋《わらじ》を作って市に出て売り、親子四人が細々と露命をつないでいた。

この五月の上旬、勘三郎はいつものように早朝から畑に出て、鋤鍬の働きに余念がなかったとき、みねが畦道づたいに煤けたヤカンと昼食の弁当を提げながら、一反ほどこちらの畑より、「のぅ勘三郎どの、弁当はここの松の根に置きますよ。陽はまだ昼には早いけれど、山茶も煮端《にばな》の冷めぬうち、さっさと食べてくださいませ」と、田舎の人の声太で言葉を交わして、もと来た道を立ち去った。

勘三郎は、少しして、見上げる空、陽炎の田の水が温む正午時、さらば食事にありつくかと、やおら鍬をそばに置き、ふと見るとあちらの木陰に二頭の野狐が、我を忘れて弁当を食べている。憎き畜生めの振る舞い、いざいざ叩き殺してくれんと、鍬を取り抜き足差し足、背後の方からこっそりと近づき、しっかりと狙って、バッと躍り出て、骨をも砕けとばかりに打ち据える荒男の力に、二頭の狐は叫びながら、雲を霞と逃げ去った。

勘三郎は気持ちよさそうに、逃げるあとを眺めて、「命冥加のある奴かな」とつぶやき、その日はやがて畑仕事をしまって家に帰った。

夜になって眠りについたが、丑三つ時とも思える頃、裏の戸のあたりでしきりに狐の吼える声が、さも恨めしげに聞こえ渡った。耳を貫くような思いに、勘三郎は寝苦しく、これは昼の野狐が打たれた報いをしようと吼えているのだと、雨戸を開けてあたりを見廻したが、そのような影もない。さてはどこかへ逃げ去ったかと、もとの寝床に横たわれば、また以前のように吼え出した。

夜もすがらこのためにまんじりとも寝付かれず、夜が明ければ前夜の疲れでしきりに眠気をもよおし、夢ともなく現《うつつ》ともなく、一日中、意識がないように過ごす。このようなことが毎日毎夜、すでに一週間余りが経ったが、一夜も欠かさぬ狐の声に、さすがの強気の勘三郎も、神経をやられ、体は弱り、「今の今まで畜生めらと思っていたが、狐の恨みも怖いもの。これからは心得て、このようなことはしないでおこう」と、心弱くもなって、しきりに後悔していた。

勘三郎は、夜毎夜毎、狐のために悩まされ、その夜も眠られないままに、ひとり寝床に起きて、狐も百歳を経れば、よく人の真似を

するとやら、それほど霊妙のあるものならば、こうまで私に仇をなさないはず。つまりは昼弁当を喰らった狐らの罪であり、私に何の罪があるか、それを思って、「もういい加減に来て吼えることはやめにしてくれ。このうえいつまでも続いたら、私の命がおぼつかない。それともまだ来るというならば、もうこっちも破れかぶれに、コンと一声でも吼えたら最後、今夜こそ撲《なぐ》りたおして、二頭とも命をとってくれるぞ、さぁそれで

も吼えるか、吼えてみやがれ」などと独り言を言いながら、今来るかと待てども、その夜はどうしたものかただの一声も聞こえなかった。「さては今の言葉に恐れて、もう来ることを止めたか。それならばゆっくり寝てやろう」と身を横たえ、その後は、前後も知らずに眠った。

田舎はもの淋しく、まして深々と更けていく夜中の空はいっそう、なお森の梢に吹く風のほかに聞こえるものはなく、田の水に鳴く蛙の声さえすごく澄み渡り、月も西の山端に落ちかかるころ、ほとほとと戸を叩く者がおり、「おみねおみね」と呼ぶ声に、女房みねは目を覚まし、あたりを見ると、細々と消え残った灯の影のみにして、人もいない。

いままさしく私の名を呼んだと思ったのは夢だったのか、わけもなく眠りを覚まされたと、ふたたび枕につこうとしたところ、またもかすかに「おみねおみね」と呼ぶ声が聞こえ、さては夢ではないに違いないと、寝床を出ようとしたのを、二人の子どもも目を覚まし、「おかん一緒に連れて行ってよ」と両の袂《たもと》にすがりついた。ともに庭に下りた音を、知るか知らぬか勘三郎は、こちらの部屋で夢か現かの間にいて心確かではなかったので、またそのまま眠り入った。

しばらくして雀の囀る声に驚きふと目を開くと、すでに陽は高く昇り、午前七時か八時かと思うばかりの様子なので、声を荒げて「おみねおみね」と呼んでも答えはない。どこへ行ったかと、襖を開いてみると寝床はそのままだが、二人の子どもとともに影はなく、蟬の抜け殻で、怪しく思って家内はもちろん、近所あたりを捜したが、まったく行方はしれなかった。

いよいよ不思議に思って、なおも捜索を続けていると、二、三人の村人が慌ただしく走り来て、「お前のおみねどんは、二人の子どもを連れて、野中の溜め池にはまりこんで、死んでいるのを知らないのか。はやく来なさい」と、口々にどなりたてられ、勘三郎はこれはどういうことかと驚き慌て、その溜め池に駆けつけてみれば、無残にも母子は溺れ死んでいた。

　これも野狐が仇をなしたに違いない、無念なことよと、足を踏みならし、男泣きに泣き出した。そのありさまを、見る人々もともに袂を絞った。しかし、これで終わりにすべきことではないと、松原警察分署に届け出たのは、四、五日あとのことだという。

　これも心経病がさせたことと思われるが、世には奇妙なこともあるものだと、ある人の物語り。

◎『朝日新聞』明治一三年五月二七・二八日

土蔵から嫁入り

　葛の葉の狂言の焼き直しとも思われる奇妙な投書が、薄ドロドロの鳴り物もなく、ふと飛び込んで来ましたから、日長のお笑いぐさに書き立てますので、眉毛に唾をつけてお読み下さい。

　と、お断りから先に申すのは、埼玉県北葛飾《きたかつしか》郡下《しも》野《の》村（杉戸《すぎと》町《まち》）に住む倉蔵（五十歳余り）という親爺。壮年のころから片腕が不自由で、貧乏だったので誰も妻になる者がなく、この歳になるまで独身でいた。

　去年の夏のある夕暮れ、火鉢で焼いた油揚げを肴に寝酒を飲んでいるところへ、「御免なさい」と門口から年齢二四、五の婦人が会釈をしつつ入って来て、「私は上高野村あたりから参った者でありますが、道に迷うし陽は暮れるで、まことに困り切っておりますから、一晩泊めて」と、馴れ馴れしく上がりこんだ。

女はそのあたりへ座って、浮き世の話から、「私がお酌をしましょう」などと妙な目つきで持ちかけられ、倉蔵は臍の緒を切って以来、女に優しい言葉などをかけられたのは初めてで、涎の垂れるのを拭くこともせず、彼女にも勧めて酒を飲ませ、はては互いに打ち解けて、同じ蚊帳に仮初めの夢を見た。

明けの烏が鳴くのを恨んで、倦《あ》きない別れをなしてのち、月のうちに八、九度ずつ、その女がやって来て、いつも泊まってゆき、あるいは二円、三円もの金を土産に持って来る。

いつもは一〇〇文の銭にさえ嫌われている倉蔵の懐具合もよくなり、例の婦人が来るたびに、近所の団子新という酒屋で上酒を一升ずつも買っていくのを見た村の者も不審に思った。ことに近頃、倉蔵の家に若い女が来て泊まるとの風聞も高くなり、近所の者が岡焼き半分、五、六人も連れだって、ある夜、倉蔵の家の戸口にたたずみ、家の様子をうかがうと、はたして婦人と酌を交わして睦まじそうに飲みながら、色事に夢中になっているのを、岡焼き連はたまりかねて戸を押し開けて入れば、不思議なことに婦人の姿は消えて、ただ倉蔵が一人いるだけ。

押し入った者たちは、怪しみながら、「オイ倉老爺《くらおんじい》、お前のところに今夜、馴染

みが来たとの話に、揃って遊びにきてみれば、いつのまにやらいなくなったが、隠さずに出して見せなさい」と言うのに、倉蔵は苦笑いをして、「せっかく面白く飲んでいたのに、旦那方が門口へおいでなすった様子で、裏から帰ってしまいました」との名残惜しげな返答に、間が悪くなって岡焼き連はそこそこにして帰った。

あとはしばらく婦人の音信もなくなり、倉蔵爺が気をもんでいると、ある朝、軒下に昔細工の銀の笄《こうがい》（かんざし）に文《ふみ》を添えて、落としてあったのを、倉蔵が拾った。彼は無筆でまったく読めないので、近所の人に読んでもらうと、なまめきたる文言の末に、「この笄は、夫婦になるかためのしるしに参らせ置く。いよいよこの身を女房にして下さるというときには、金二五〇円を持参するつもりなので、しかとしたお返事を、上高野村の大西方にある土蔵の地形土の上まで、遣わしてください」との趣旨を読み聞かせていた男が、眉をひそめて倉蔵に向かって、「お主も噂は聞いているだろうが、この大西という者は音に聞こえた大百姓だが、そこの土蔵の床下に何十年も昔から住んでいる狐がいて、大西が繁昌していたころは毎年十二月には歳暮のつもりか、大きな塩鮭を一尾ずつ、狐が裏口へ持って来て置くため、その返礼にと大西から赤飯を三升ずつ、例の土蔵の床下に入れてやることになっていたのを、ある年、鮭を取ったまま赤飯をやらなかったので、その翌年から歳暮の鮭もこなくなって、しだいに家も零落して、今では土蔵も立ち腐れとなり、地形ばかりが残っている。そこに返事をしろというのは、もしやあの女は狐ではないか」といわれても、倉蔵は何でも女房にしますと、その返事も書いてもらい、約束どおり地形土の上に返書を置いたそうだ。

それからあとは、村の者にも怪しいことは見うけることはなかったが、ある日、倉蔵の家の前を近所の者が通りかかると、倉爺が不自由な手で八、九人前の膳の拵《こしら》えを、ニコニコしながらしていたのは、その晩に婚礼があったのだろうといわれる。しかし、その後もいろいろと窺っても、婦人の姿は見えないのは、奇妙なことではあるまいか。と、投書にあったのを、そのままに。

◎『東京絵入新聞』明治一四年五月八日

稲荷の産婦人科

　昔話の怪談のようで、今の世には受け入れられない話だが、真偽は読む人の評にまかせて、聞くがままに書き出す。茨城県下河内《しもかわち》郡竜ケ崎《りゅうがさき》町に稲荷新田《いなりしんでん》（龍ケ崎市）という所がある。ここに代々村役をつとめる豪農稲次長左衛門（四七歳）がいて、今も戸長をつとめて近郷にまで聞こえた富家であるが、数代前のこととか、この地に古くからの稲荷の祠があり、その社地は諸木が生い茂り、広い沼や大きな丘もあって、空しく狐狸の住み処になり、稲荷の祠も荒れ行くのみとなったのを、切り開いて田地にしようと思い立った。巨額の金を出してついに成就し、稲荷は長左衛門の屋敷構えの内に移して、綺麗な社に作り改めた。数百年を経た現在も新田を稲荷新田といい、長左衛門の家を稲荷長者と里人が呼んでいる。

　さて本年五月二七日の夜十二時ごろとか、同村に長

年住む医者の中村某（五三歳）という者の家の戸を、しきりに叩く音がするので、どこかに急病人があってその使いの者だろうと、妻が起きて窓の戸を開けると、弓張提灯を持った男三、四人がいて、どこからと尋ねると、稲次長左衛門の使いだという。よく見ると、提灯の印も彼の家の紋なので、家に入れて聞いたところ、長左衛門の妻おさよ（四十歳）が今日の昼ごろより産気づき、すでに出産の時になったが、苦しんでいるだ

けでその甲斐がなく、これまで出入りしていた医者も産婆も、いろいろ手を尽くしたが、本人の疲労が増すだけで、いまだに出産していないので、産婦の手術に腕があるとかねて主人が聞いていたおり、なにとぞ今から我々と一緒に来て下されたい、と丁寧に頼まれた。

役場をつとめる稲次なので、考えるまでもなく、使いの者に薬籠を背負わせて、稲次の家へ行ってみると、主人が出迎えて産所へ自分で案内し、容態などを詳しく話すのを、中村某が聞き終えて産婦を診察すると、難産であるが大丈夫だということで、すぐに薬を調合して飲ませ、手術をして、腰のあたりを揉むうちに、たちまち産の紐が解けて、玉のような男の子をやすやすと産み落とした。

高くあげた産声に家族の者は勇みたち、中村某を座敷に招いて酒肴を並べ、礼を言うやら喜ぶやら、若い女に酌をとらせてしきりに酒を勧められ、中村某は思いのほか飲み過ぎた。ついには座ってもいられず、次の間にある屏風のかげで、前後不覚に眠ってしまった。

朝風が身にしみてふと目を覚まし、四方を見れば、寝ていた所は座敷ではなく、稲荷長者のうちにある稲荷の社の芝の上に、木の根を枕に眠っていた。これはどういうことかと驚いていると、この家の雇い人が見つけ、二、三人が腕を組んだ中村の顔をのぞいて不審に思い、なぜこの芝の上へ酒肴を取り寄せて飲み食いしたのか知らないが、支払いは長者の名で二、三軒から取りにきたが、覚えがないので、それぞれに考えを言い合ったが、妙なことだと言っていた。すると、村内の中村殿が稲荷の前に寝ているという知らせがあったので来てみると、酒も肴も貴殿のしわざ、そこにもここにも皿だの鍋だの食い散らかしてあるのが証拠、一杯機嫌での悪い洒落か、または気でも違われたのかと、口々に言いだした。

中村は昨夜のしだいを詳しく話し、まったく狐にやられたのであって、ここの家の名をかたって酒を飲んだ訳ではないと弁解しても、まったく聞いてもらえず、あれこれと言い争うのを、長左衛門が聞きつけて、中村を座敷に呼び、雇い人の無礼を詫びて、狐は霊のあるものだから、貴殿が医術に通じているのを知って、治療を頼んだのであろう、たとえ獣のしわざにもせよ、妻が男子を出産したとは実にめでたい奇談だといって、酒食の代は拙者から馳走したものとするから、配慮におよばないという。さらに、屋敷内の狐に代わって診察料もお支払いするといって、包んだ物を中村に渡し、今後も拙者の家より使いの者が参ったときは、狐や猫であっても往診して治療を施してほしい、謝礼は拙者が引き受けると、厚くもてなして帰した。

虚実のほどは知らないが、この戸長もたいへんに篤厚の人である。

◎『東京絵入新聞』明治一四年六月七日

坊主軍団の来襲

夜はすでに十一時を過ぎ、桂の川に照る月は写る鏡のと、為家の詠んだ、花のさかりの春ならなくに、打ちよする波にあやぞある茲に、梅津の小篠左右に分けて、岸辺に降り立ち網打つ一人の漁夫は池上嘉市（三七歳）といい、山城国葛野《やましろのくにかどの》郡下嵯峨《しもさが》村（京都市）の者だが、更けゆくにつれて獲物も多くなり、家に帰るのも忘れて網を打っていた。いったいどうしたことか、二十歩ばかり彼方にこつぜんとして姿を現わした一人の大坊主、だしぬけに嘉市をめがけて石礫《いしつぶて》を投げ飛ばした。

嘉市は驚き、誰が石を投げて網打ちの邪魔をするのかと、目を怒らして罵るうちに、右に左にからくりの人形のように、数十名の大坊主が現われ、手に手に石を拾って雨のように飛ばしてくる。嘉市は左右に身をかわしつつ、さては狐狸の類が驚いている隙に籠に入れた魚を奪うために、こんな怪しい姿で現われたに違いない、高の知れた畜生に獲物を捕られてたまるかと、陸に置いた胴丸籠に目を向けながら、こちらからも石を投げて妖怪を走らそうとしたとき、なかの一人の大坊主が胴丸籠を奪って逃げようとした。嘉市は陸に駆け上がって、抜けていた梁の杭を手早く拾って、「こんちくちょう」と言いざまに飛びかかって打ち下ろすと、急所に当たったのか「クン」と一声叫んで倒れ

たので、さらに散々打ちすえると、もろくも息絶えた。

　嘉市が、月明かりでその死骸をあらためると、身長一メートルにも余る大狸であったので、気分よく担いで帰り、翌日、隣家の誰彼に話をしつつ、料理して汁をたいて食べたのは、去る十五日のことであった。

　ところが、怪しむべきことは、その夜より女房のおきぬ（二九歳）の姿が二人に見え、どちらが真偽と見分けることができないが、芝居・浄瑠璃などにて演じる「葛の葉」の類で、まさしく狸のしわざであるから、容赦することはないと、ひそかに台所の出刃包丁を取って来た。

瞳をさだめてつくづく見ると、一人はおきぬに間違いないが、もう一人はいささか様子の怪しいところがあり、また言葉がはっきりしないところもあるので、こっちが狸の化けた者だと機を窺い、先の仇をとろうと来た者であろうと心に思い、だしぬけに出刃をふりかざして、一声叫んで斬りつけた。女はすぐに身を飛び退き、「コレこの人よ、なんで私を切るのか、お前は気でも違ったのか」と言いつつ、その場を逃げようとした。

「なんで殺すもあるものか」と、嘉市はなおも追い回し、背に二か所、左腕に二か所、右股に五か所の傷を負わせ、滅多切りにして殺してしまった。やがて出刃を投げ捨て、一息ホッとしたところ、次の間にそれまで座していたおきぬが、たちまち狸に変身し、裏口から逃げ去った。

嘉市はこれを見て驚き、さては狸と思ったのは本当のおきぬであったかと、はじめてそれに気づき、殺した死骸をつくづく見るに、いよいよ我が女房であるので、嘉市は仰天して、やむを得ないこと畜生の恨みをかい、罪なき女房に非業の死をとげさせてしまったことの悔しさよ。と、歯を食いしばって嘆いたが、そうであるならば、まずこのことを最寄りの警察署に訴え出た。

そのまま警察署に留置され、急いで巡査が出張して死骸を実見し、葬式を済ませたが、嘉市はこのときより訳の分からないことを言うようになり、親類の者に預けられている。

◎『朝日新聞』明治一六年八月二四日

白狐　復讐の罠

飛騨国《ひだのくに》よりの知らせに、近頃、同国高山《たかやま》のあたりに住む狩人たちが、寄合をしようとしたときに、与治作という者が何か獲物を携えて寄合に行こうと、鉄砲を肩にかけて深山に分け入った。

　良い獲物がいないかと、奥深い谷間に入り、岩石の下に腰をかけて遥か彼方を窺うと、子牛ほどもあろうかという一匹の白狐が、前後不覚に寝ていた。これは良い獲物だと、一打ちにしてくれんと用意してきた弾丸を取り出し、急いで弾込めをして、狙い定めて撃つと、日頃の腕にも似ず、手元が狂って、弾はいずれかへ飛んで行ってしまった。

　南無三し損じたか残念と、ふたたび弾を込めようとしたとき、白狐は今の音に驚いてか、こちらに向かって恨めしそうな顔をして、すぐに岩間に隠れた。与治作もしかたなく、もと来た道に戻った。

　この日、同じ狩人仲間の三太郎も、何か獲物を持参しなくては面白みがないと、これも一人で同じ山に入り、あちこちと歩くうちに高く大きな岩の下に、一匹の白

狐が草を取っては頭に乗せ、または肩へ掛けたりしては、自分の姿を谷間の水に写しているので、何をするのかと瞳をこらして見ていると、不思議なことに今まで狐だった姿が、仲間の与治作の姿に変わった。「これは妙な、奴は与《よ》治《じ》公《こう》になって、自分を騙すつもりだな、その手をくってたまるものか、側へ来たならばこちらから一発のもとに打ち取ってやる」と、待ち構えていた。しかし、出て来る様子もなく、あちらに向いてすまし

て行くので、「ハハァこれは寄合場へ行って、酒肴でも食べる気だな。それならこっちが先に行って、皆に話し、彼奴《きゃっ》が来たならその時こそ、寄ってたかって打ち殺そう」と、息せき切って寄合場に駆けつけ、一同に話して聞かせた。

　今か今かと待つうちに、本物の与治作は白狐を打ち損じ、ほかに獲物もないことから、独り言を言って寄合場にやって来ると、居合わせた十三、四人の者が、そら狐が来た油断するなと待っているとも知らず、与治作は門口を入りながら、「おおきに遅くなりました」と、白狐の話でもしようかと思う間もなく、「それ逃がすな」と言いざまに与治作に打ってかかり、「この狐め、よくもよくも俺たちを化かしに来たな、サァ正体を現わせ」と、藪から棒の滅多打ち。

　与治作は仰天し、物を言う間もなく、その場へ倒されて半死半生になったが、苦しい息のなかで説明をしたので、一同はようやく理解し、これはまったく我々の早まった罪であると、急に水だ薬だと騒ぎだし、十分に手当をつくしたので、命に別状はなかった。

　与治作は、この災難も白狐の報いだろうと、深く恐れて、しなれた狩人の業をやめ、もとの農業に戻ったと、昔話にありそうな筋だけど、確かなことだということなので、子ども達のお笑いぐさに、絵入りにしてお目に触れます。

◎『絵入朝野新聞』

明治一六年九月一二日

てんぷら泥棒

昔は、お能で子を尋ねる隅田川も、今は「小人がお矢を尋ねる」とは天明調の狂歌だが。南葛飾郡猿ケ又《さるがまた》村（葛飾区）の藤井久作（五一歳）が、日本橋あたりに用があり、その帰りに向島堤通りの三囲《みめぐり》あたりへ来たとき、八歳ぐらいの女の子が、しくしく泣きながらウロウロするのを、おそらく連れにはぐれた迷子だろうと不憫に思い、言葉をかけて聞いてみると、自分の村の山田某の娘のお綱であった。

「母に連れられてここへ来て、母は三囲神社へ参詣するから、ここで待っていろと言われたけど、いくら待っても戻ってこないので捜しています」と話を聞いて、久作は気の毒に思い、一緒に三囲神社の境内をあちこちと捜したが、母の影も見えなかった。

どうせ村へ帰るのだから、お家へ送ってあげようと、その子の手を引いて帰る途中、今度は子どもを見失った。びっくりして捜してもわからずに、そのまま村へ帰って、山田方へ立ち寄って、今日これこれのことがあったと話をしたが、同家では不審に思い、「女房も娘も今日は決して出かけていませんから、娘が迷子になるわけがございません」との挨拶に、どういうわけか久作にも一向にわからない。しかし、考えてみれば、途中で夜食をとった残りの天麩羅を、竹の皮に包んで提げて戻ったが、この騒ぎ

で落としてしまったのかないので、万一、狐がこれをせしめようと、迷子に化けて私をひっかけたのかと思えば、身のうちがゾッとして、急いで我が家に戻ったというのは、一昨日の夜のことである。

◎『東京絵入新聞』明治一八年二月一四日

山芋が鰻になる

海部郡奥《おく》村の相川亀吉が、同村でとった山芋が鰻に化

けた物を、昨日弊社へ持参しましたが、実に稀なるものなので、その縮図を添えて、詳細に報道しますので、皆さん、そのおつもりで。

山芋が鰻に化ける途中は、縮図のようにして、そのもとの大きさは長さ五四センチほどで、あとはイロハのように、全化・半化・山芋の三部に分かれている。

さて山芋が鰻に化けることは、書物の上や人の噂に聞いたことがあるものの、本物の実物を見たことは、今が最初である。その原因はいかなるわけか。造化の戯れか、知識のない記者などは一向にわからないので、広く世の中の博識者に質問するのがよいだろうと、紙上に掲載した。
　ある博識の先生が記者に教えてくれたのは、「山芋が鰻となるぐらいは珍しくもなんともない。予が近隣の壮年の者は、始終、股間の一物が木に化けたり、娘は金に化けたりする」と、さも仰々しく言いましたが、考証家の一助にもと掲げて示しました。

◎『普通新聞』
明治一四年三月二四・二九日

吸血の「蛇の木」

　マダカスター島には、種種の人種がいる。なかでもコードスと称する集落は、もっとも古い時代からの人々が住んでおり、体は小さく身長一四五センチを超える者はいない。この人々が神と崇めるのは、蛇の木と称する不思議な植物である。

　この植物は我が蘇鉄に類するもので、その幹はあたかも松の実のようで、高さは二・四メートルぐらいで、色は黒く、鉄のように堅い。この幹の上から、幅九〇センチほど、長さ三・六メートルほどもある八枚の葉が垂れて地につき、この葉が生えているところ、つまり幹の頂上には真っ白な皿のような物があって、その中には絶えず液体がたたえられている。この液体を飲む者は、たちまちに酔って、狂い廻り、はては前後不覚

になって眠ってしまう。
　この皿の下より六本の蔓のようなものが生え、その色は青く、毛が生えて、長さは二・四メートルほどある。
　そのまた上に、皿の中央から生えた白い毛で棒のようなものが六本あり、絶えず前後左右に動き、伸び縮みして、一つの生きた動物のようである。
　住民が何か願掛けがあるときは、多人数が蛇の木の周りに群がり、歌いながら舞い狂い、しだいにこの木に近寄って、踏みならす足音も繁く、はては狂ったようになり、突然、群中の一人の婦人を取り囲み、棒の先に突きつけて、樹上に上がらせる。

　婦人は驚きながらも、やむを得ず樹上に上がれば、下にいる多人数は口々に「飲め飲め」とうながし、樹上の婦人は皿の中にある水を汲んで、一、二回飲むと、その効果てきめん、たちまち樹上で狂いだせば、毛の棒のような六本の葉は、たちまち蛇のように婦人の首手足にまつわりつくので、婦人は逃れようと声を限りに叫びながらも、半ば笑みを含んでいる。

　徐々に婦人の力が尽きて、ついに死んだように静まれば、地に垂れた青い葉は蛇のように巻き上がり、婦人の体に巻き付き、ついに婦人の体より血を絞り出す。その血は幹を伝わって、皿の中の液体とともに流れ下る。そのありさまは惨憺《さんたん》たるものだが、人々はこれをみて神が出現したと、互いに馳せ寄って、流れ下る血をすくって飲み、お互いに喜びあう。

　しかし、この血のなかには、木の液も含まれていて、人々はたちまち周囲に酔って倒れ、前後不覚の眠りにつく。こうして、この不思議な木は、この生け贄をそのまま巻き締めていて、その体から木の栄養分を吸っているのだとか。

　さても世には不思議な木も、あればあるものかな。

◎『都新聞』
明治二九年一月二二日

化け山猫と対決

愛媛県、伊予国御庄郷というのは、土佐国と境を接し、山また山が連なって、柴折囲む松の戸も、出入る雲にまかせたる、わずかばかりの山里で、住民は狩人のみにて、昨日は峰に、今日は谷間で猟をする。

そのなかにて、このごろ一人の狩人が、小銃を肩に岩を登り、葛にすがって山奥深く、獲物がいるかと進んでいくと、茂った木々が枝を交えて昼なお暗い岩陰に、大きさはさながら牛のような獣がいて、年を経た猪か、あるいは熊か。

その姿を見定めようと密かにあちらを窺うと、怪物も狩人が来たのを知っていて、こちらへ顔を差し向けた。姿はよくは見分けられないが、眼《まなこ》の光は百錬の鏡を並べ懸けたようにすさまじく、思わず二足三足と退いた。しかし、何であれ屈強の獲物こそもってこいで、一撃にしとめてやろうと小銃を向けて狙いを定め、ドンと発射したものの、怪物は倒れず、荊《いばら》や岩角を厭わずに吼え狂い、猟犬の窺う方へ飛んで来て、つかみかかる勢いに、今一発をと弾丸を込めて撃とうとしたが、怪物がすぐ近くに来ているので気後れして、逃げようとしてもそれさえかなわなくなった。

近くの樹木によじ登っていた危機を避けようと焦っていると、怪物も一目散にその木の下に来て、逃げ登ったのを見て怒り、鋭利な鎌のような爪を出して幹をよじ

登り、足元近くまで来た。今はもう逃げる道はなく、持っている銃を持ち直すと、一噛みしようと怪物が口を開いたのを幸いと、その口の中へ銃を差し入れて突き落とそうとしたところ、はずみで引き金に手が触り、ドンと一発撃ち込むと、さすがの怪物もこらえきれず、地響きをたてて転び落ちた。

狩人は木を降りて、急いで誰彼を呼び集め、再び先の場所に来てみれば、口より喉を撃ち抜かれているのは年を経た山猫で、体重は七五キロ余りもある、世にも稀なるものなので、皮をはいで、同県の博覧会に出品しようと、評議をしているという。

◎『東京絵入新聞』明治一一年五月一五日

猫男の耳に念仏

猫の一字を新聞紙上に記載すると、芸者社会のゴタゴタで、弊社は場違いのように思われるが、ここにお話しするのは、正真正銘の猫が人に祟った奇談。

所も二股の尾張国《おわりのくに》、絞り浴衣の鳴海にもほど遠からぬ、東春日井《ひがしかすがい》郡小幡《おばた》村（名古屋市守山《もりやま》区）の農民水野円四郎は、魚類の乏しい田舎で、例年より寒さも強いため、酒でもなければ凌げないと買っておいたが、何かうまい肴がないものかと、先月二四日の夕方、見廻す庭に、隣家に住む水野増蔵が長年可愛がって飼っている大猫が、夕日に背中を向けて快く眠っているのを見た。いまだその味は知らないが、かねてうまいと聞いていて、こうまで太った大猫はまた格段のうまさだろうと、近くにあった鍬で一撃したが、猫はものともせずに鍬に噛みつき、必死の勢いに円四郎も手に余ったが、いまさら止めるのもふがいないと、ふたたび鍬を持ち直して、続けざまに打つと、ようやく息絶えた。

手早く料理して、兄の徳助をはじめ近隣の徳右衛門・善蔵らを招き、しきりにこれを勧めるのを、あの大猫は村内の犬さえ恐れる

古猫なのに、ほかにも肴はあるものをと手を出しかねる者たちに、円四郎は笑って、「怖がる者には強いては勧めない。祟りは己が引き受けて、余人に難儀は決してかけない。それでも恐れて喰えないか」と、酔いに乗じての悪る勧めに、余儀なく箸をとって酒も肴も尽きるまで、皆酔いつぶれて寝たという。

　こうして、去る三十日の午後三時ごろ、台所の天井から突然鼠が落ちてきたのを見て、円四郎は目の色を変えて鼠を捕り、ムシャムシャと尾も残さずに喰い尽くし、振り向く顔に血を注ぎ、逆立つ白髪は耳に似て、手足を舐めて顔を洗い、声さえ猫に違いなし。器の中へ顔を入れて物を喰うを見る者は、あれこそ隣家の飼い猫を殺した祟りに間違いなしと。

　あの時、ともに飲食した誰彼も、にわかに恐れ、祟りを避けようと寺に頼んで経などを読ませて、猫の霊を慰めたが、もとより例の神経病にて祟らないのは明らかだが、よからぬしわざだから、天の咎《とが》めにこのような奇病に罹ったのであろう。

◎『東京絵入新聞』明治一四年一月九日

猫嫌いもほどほどに

　岡崎の猫行灯は昔のことで、いまさら張り替えても役には立たない。鍋島の猫伏壁は藩とともに崩れ、新しく築こうとは思いもよらず、だからといって、今の世の猫をもてあそぶ猫々《みようみよう》道人《どうじん》（仮名垣魯文）の猫塚に真似をするのも心苦しく、どうすれば猫の新奇を競うことができるかと、百物語の十八番、怪談の本家（デモアルマイ）、山陰の案山子《かかし》が工夫の最中に、アアラ怪しや、机の上にヒュードロドロとも何ともいわず、ヌッと出た化け猫の原稿、すかさずこれを生け捕って見れば、その因縁は左のとおり。

　河内国八上《やかみ》郡花田村の農民に巽《たつみ》三右衛門という者が

いた。佐賀の大領の生まれ変わりの冠者義高の後身か知らないが、生まれつき猫が大嫌いで、ニャンと一声、耳に入ってもグッと癪に障るという一癖ある男である。

あいにくその一軒おいて隣の家に、黒と名付けられた大猫がいて、ときどき三右衛門の家の屋根に来て、ニャー、フーなどの声を聞かせて、腹を立たせることもしばしばだった。

最近のこと、その猫が忍んできて、小魚を一匹盗んでいったのに、三右衛門は

たいへんに憎み怒り、ウヌ畜生めどうするかみやがれ、と、その夜、四斗樽を家の裏口に持ち出して、中へニシンを投げ込んでおいて、今に来ると待ち受けいるところへ、神ならぬどころでなく、畜生の身の浅ましさ、このような企みがあるのも知らず、ニシンの匂いにつられて、ニャア、フーフーと嗅いできて、四斗樽の中へ飛び込んだ。陰に隠れていた三右衛門はしてやったりと、何か押さえるものはないかとあたりを見ると、

南天の夜露を凌ぐ「撥頂笠《はっちょうがさ》」があり、これ幸いと両手にかかえ、抜き足差し足、四斗樽の上へバサリとかぶせた。

猫はもとよりせっかちな畜生で、それとみるより一生懸命にひらりと上へ飛び上がったが、上より押さえられた傘のため、半身は桶に止められ、頭は外に出てしまった。これを見た三右衛門は、好都合だと、持っていた金槌《かなづち》で猫の額をハッシと打った。打たれてニャンと叫びつつ、逃げようともがくのを、逃がすものかとハッシハッシと続け打ち、何の容赦もなく、無我夢中に打ちすえた。猫は無残にも頭脳が砕け、血潮は四方にほとばしり、ただキイキイと苦しみ泣いていたが、次第に声も細くなり、断末魔とも見えた。

三右衛門は、まずこれで安心だと、やがて灯火を持って来て、猫の姿をよくよく見れば、首は粉微塵に叩き砕かれ、毛は一面に血潮に染まり、目鼻もわからなくなっていた。

これにて腹もおさまったと、心地よげに微笑んだとき、不思議なことにいままで死んだと思っていた猫が、むくむくと動きだし、血潮に染まった毛の中から、大きな目をむきだして、グッとこちらを睨んだ。その恐ろしさ、もの凄さは、二目と見られぬありさまで、さすがの三右衛門もゾッとして、思わず押さえた傘をはなすと、猫は下より飛び出し、大地にころげたまま、倒れて息絶えた。

三右衛門はこれを見て、

ますます薄気味悪くなり、その夜はそのままうち捨てて、裏口を開けて内に入ったが、その時に響く山寺の夕刻を告げる鐘がボーン、雨戸にあたる夜嵐がガタリガタリ、屋根の上でどこかの猫がニャー。「ああ、なんだか気味の悪い晩だ」と、その夜は何事もなく眠ったが、さあこれから怪談の始まり、いずれ明後日のお楽しみ。（つづく）

さて三右衛門は、その夜は気味悪いまま眠ったが、夜が明けてあの猫の死骸を片付けようと裏口に出て、よくよく見れば、どうしたことか、死んだ猫は体をベッタリ地に倒して、死んでいるのに違いはないが、四本の足をピリピリと動かし、目玉はギラギラ光らせている。三右衛門はギョッとして、さても恐ろしき奴かなと、急いでミカン箱を取り出し、これに死骸をつっこみ、上から大きな石を乗せて、「こうしておけば大丈夫、夜になったらどこかへ捨てよう」と、その日は用事にとりまぎれて、すっかりそのことは忘れていた。

夕方になって思い出し、また裏口に出て、ミカン箱の蓋をとり、そっと中を覗いたら、やはり以前のように、手足がピリピリ動いている。三右衛門も、ことここにいたって恐怖心にさいなまれ、もはやたまらずに箱に蓋をし、箱を抱えて皮を剝ぐ職人の家に駆けつけ、内々にこれを売り、まずこれならば安心と、家に帰って寝た。

しかし、とにかく猫のことが気にかかって眠れず、うつらうつらしていると、夜の十時過ぎとも思われるころ、門の戸をトントンと叩き、「三右《さんえ》三右」と呼ぶ声がした。三右衛門はむっくと起きて、何気なく戸を開けると、昨日殺した猫の飼い主で、「オイ三右、てめぇはよくもむごたらしくも、俺の猫を殺したな」と、怨みをこめた顔は、さながらに殺した猫にも似ている。「うぅ、殺した殺した、ただし今夜はもう夜更けじゃ、怨みがあるなら明日また来い。今夜はどうでも相手にはならない」と言い捨てて、寝間に入った。

　しかし、どうしても猫が気にかかり、猫の顔が目の前にちらつくように思えて、眠ろうとしても眠れず、こういう時こそ酒だとばかりに起きて、戸棚から宵に残した燗徳利を出して、飲み始めた。やがて酔いがまわったころ、少し恐ろしさも忘れたので、この勢いに小便をして明け方まで眠ろうと、裏口を開けて厠《かわや》へ行き、小便桶の前に立ちシャアシャアする桶の中に、何やらキラキラ見えるのを怪しんで、うつむいてよくよく見ると、恐ろしや桶の中に殺した猫の首がはっきりと見えて、キャッとばかりに驚き恐れ、酔いも醒めて、転ぶように家の中に逃げ込み、蒲団にもぐり込んだが、神経がそうするのか、屏風に描かれた山水も猫の首かと怪しみ、行灯にうつる火皿の影も猫の影かと驚き、天井がガタリといえば猫か、襖がギシリといえばまた猫かと、見るもの聞くもの、猫でないものはなく、身は珍猫百覧会の中にあると思うばかりのありさまに、ますます心は狂いだした。

　その翌日からは、猫の真似をして狂い廻り、ニャン、フーフーと呻き出すのに、親類・近所は大いに驚き、急いで医者を招き、加持だ祈禱だと騒ぐが、一向によくならない。このうえは、大阪の病院へ連れていくよりほかなしと、去る二二日の早朝より駕籠に乗せて連れて行こうとしたが、病人の三右衛門が暴れ廻り、なかなか人の手にあまるので、ついに連れて行くのをやめ、ともかくも一度ご出張をお願いしますと、大阪の病院に願い出たという。

　世には奇猫《きびょう》（奇妙）な病人もあればあるものなり。これがいわゆる神経病の類ニャー。

◎『朝日新聞』明治一四年三月二七・二九日

化け熊バチ撃墜

深山大沢竜蛇《しんざんだいたくりゅうじゃ》を生ずるの譬《たと》えで、大阪府下、摂津国《せっつのくに》能勢《のせ》郡は千山万畳して京都府下に続く土地で、人跡稀なる所も多くあるという。先頃より、同山中に奇怪な鳥が現われて、全身の大きさは子牛ほど、左右の翼を広げるとさながら天を覆うばかりにして、実に恐ろしき怪鳥だと風聞が高まっていた。

　最近、大和十津川の猟師三次という者が、一人の同業者とともにこの山に入ったとき、遥かな峰に怪鳥のようなものを見たので、「よき獲物ござんなれ」と

互いに狙いを定めて撃った弾はわずかにそれて、打ち損じた。これは失敗、残念と、三次が再び弾をこめようとする間に、怪鳥はたちまち翼を広げて飛んで来て、突然、背中を掴んだので、こちらも一生懸命に、あらかじめ負傷を防ぐために着ていた綿入れを帯を切って手早く脱ぎ捨て、身を縮めると、怪鳥は着物だけを掴んで空の遥かに飛び去った。

三次はもとより、連れの男もこの勢いに尻込みして、追いかける気力もなく、命からがら逃げ延びたという噂は、早くもパッとたって、これを聞いた人々も舌を巻き、恐れることおびただしいので、同郡内の猟師らが伝え聞いて、捨て置かれずと同業者を呼び集め、その獲物を他所の者に万一にも捕られたら、土地の人の名折れになる、しとめ損なったのが我等の幸いと、これから直に分け入って、本当の姿を見届けて撃ち果たそうといえば、どうして反対するものか、いずれもすぐに同意して、思い思いに仕度を整え、手馴れの銃に二つ弾、肩に担いで、山また山へと足にまかせて探しにいった。

はたして、彼方の高木に、空を眺めて悠然と住んでいるのは、これまで見聞したことのない怪物で、眼の光は鋭く、いかにも変わった姿形と見えたので、スワと言いつつ、猟師たちは銃の筒先を揃えて、撃った響きは山谷にどよめきわたり、その恐ろしさは言葉にならなかった。ことに硝煙は四方にみなぎり、あたかも暗夜のようになって、やがて一つの枝に黒雲が下がるようだと思う間もなく、大地にグゥと地響きがして落ちたものがあった。さては首尾よくしとめたかと、一同喜び勇んで、煙の晴れるのを待ちかねて近寄ると、幾年月を経たかわからないクマバチであったので、さすがの猟師も驚いた。

まだ死んでいないようで、なまじのことをするとかえって害を受けるかもしれず、そのまましばらく見ているうちに、完全に死んだ。かろうじて山路を村へ持ち帰ったが、その身の長さは一九〇センチを超え、重さはおよそ六〇キロを超すクマバチで、近頃めずらしい獲物だと、その地の人より知らせのままに。

◎『東京絵入新聞』明治一四年六月一五日

「わが身を餌」作戦

悪鳥・猛獣のために害を受けるのは、山間の僻地にはままあることだが、鹿児島県下、大隅国肝属《おおすみのくにきもつき》郡上高《かみたか》隈《くま》村（鹿屋《かのや》市）という所に、高山があった。地元の人はこれを地《ち》寄《より》山《やま》といった。岩石峨々として雲にそびえ、人跡稀な高嶺にして、猿などの類は容易によじ登るが、よく見えない所に今年の二月ごろから一羽の荒鷲が来て巣を作ったとみえ、麓の里ではときどき子どもがさらわれることから、幼い者は用心してなるべく野原には出ないようにしていた。

しかしながら、この山に分け入って家業を営む木《き》樵《こり》・草刈りの者までがこの害に遭うことが少なくなかったので、どうにかして狩りとろうとしても、恐れをなして近頃は山に入る者もいなくなった。

それでは家業の障りになると憂えて、同村の杣《そま》吉留源助という者が、ある日、大きな鉞《まさかり》を持って登山すると、いずこともなく一陣の風がさっと吹き下ろすに、源助は恐れおののき、木立の元に隠れようとする間もなく、例の大鷲が疾風のように舞い下り、源助の襟首を

摑んで空へ向かって羽を広げた。もはやこれまでと、手にした鉞の峰で鷲の胴をしたたか打つと、驚いたのか摑んだ足を放したので、源助は数丈の谷底に真っ逆さまに落ちた。しかし、いまだ運は尽きていなかったのか、途中で蔓にひっかかり、危うく難を逃れたのは、九死に一生を得たというべきである。

源助は、里に近い場所に落ちたので、間もなく自分の家に帰ることができた。その夜から病気になったことを伝え聞いた村人たちは、いよいよ恐れて、このうえは鉄砲にて打ち倒す以外に手段はないと、先月二二日に下高限村の狩人らは、その大鷲を捕らえて村人の苦しみを除いてくれようと、中にも屈強の若者である谷田方限・松永源太郎の両人は、狩人仲間でも指折りの者なので、皆に先立って手に手に山刀を持ち、総勢一〇人ほどで山深く分け入り、蔓をよじ登り、木の枝を伝うなどして、ようやく大鷲の巣かと思える所に着いた。

源太郎は、方限その他の者に向かって、あの悪鳥は必ずこのあたりにいるに違いない、我はわざとさらわれるので、早まって鉄砲を撃つなと言い置き、ただ一人で少し広い所に出た。いまかと待つ間もなく、風を切って舞い下りた大鷲は、いきなり源太郎を摑んで空遥かに羽を広げたが、計画どおりのことなので、少しも恐れず、源太郎は鷲の足をしっかりと握りしめ、片手で刀を抜いて、胸のあたりへ刺し通せば、さすがの鷲も痛手を受け、羽ばたき荒れ狂い廻るのを、なおも刀を引き廻せば、飛ぶこともできなくなって、地上へドウと落ちた。

やんやの喝采でほかの猟師たちが集まり、まず源太郎を介抱してから、その大鷲をよく見ると、急所を刺されたのかもう息の根は止まっていたので、蔓でしばって麓の里へ持って来た。その体の大きさは馬ほどもあり、羽を広げればおよそ七メートル以上もあったといい、実に未曾有の大鷲と驚きつつ、かつ源太郎がその身を餌にした奇計を賞して、その評判は遠近《おちこち》に高いと、その地よりの知らせがあり、図を添えて、記しておく。

◎『絵入朝野新聞』明治一六年六月八日

力士が大蛇退治

素戔鳴尊《すさのおのみこと》が八岐《やまた》の大蛇《おろち》を退治した遠い神代の故事はおき、中古、世間に流行する小説が作り上げた狼や大鰐を退治するような話は、ひととき婦女子の目を喜ばすまでにて、決してその実があるものではない（たまには実話もあるが）。

ここにする一条の話は、嘘ではなく、しかも土地も遠くはない紀州新宮《きしゅうしんぐう》へ、有名な時津風うちの登竜、熊吉竹縄うちの功某、京都鯨《とき》波《のこえ》うちの荒井川をはじめ、三〇名ばかりの力士らが、このほど相撲興行のために同地へ赴いたが、雨天続きで思うような興行ができず、空しく旅籠に引き籠もっていた。

ある日、徒然なるままに那智の観音へ詣で、世に名高い滝を見ようと、登竜・功・荒井川の三人は未明に旅籠を出立し、足を速めたが、観音に礼拝をとげ、滝へ廻ろうとしたときにはすでに黄昏に近かった。三人は道を急ごうとするが、有名な難所で、木々は空を覆い、刺のある下草が道をふさぎ、昼なお暗き深山幽谷、ことにこの日は空も曇って前も見えないほどなので、思うように足は進まず、覚

束なかった。

とそのとき、前を歩いていた荒井川は道に倒れていた松の木につまずいて転び、後ろの二人は荒井川に怪我のないのをみて、このあたりの木《き》樵《こり》が切り倒したままに帰ったものだろうと、谷底に蹴落として邪魔を払ってやろうと、登竜と功が蹴落とすと、その松木がつるつると蠢《うごめ》いた。驚いて見ていると、これはどうしたことか、松木と思ったのは六メートル余りの大蛇《ウワバミ》で、頭を近くの大木の枝にかけていたが、やがて首をこちらの方に向け、鏡をもあざむく眼をみはり、稲妻のような舌を動かし、箕《み》を二つ合わせたような大きな口を開いて、今にも飲み込もうとした。そのとき、起き上がった荒井川は一度は驚いたが、もとより大胆不敵な剛の者、ウヌどれほどのことか、一撃で倒して新宮へ引きずり帰って、仲間の者にいばってやろうと、三人は目配せをしつつ、登竜は竜のような勢いで蝙蝠《こうもり》傘の柄に仕込んだ剣を抜き、荒井川と功は落ちていた手頃な樫の棒を手早く拾い、三方から力を合わせて打ち込んだ。大蛇は恐れることなく、頭を左右に振るい立て、近づいてくるのを、三人は少しも臆せず、岩石を楯にし、木陰に退いて隙を窺うなど、千変万化に体を動かしつつ、大蛇の頭をめがけて三方より打ち下した。さすがの大蛇も脳を激しく打たれて、勢いをなくし、そのまま頭をひるがえして谷間へ逃げ去った。

力士は取り逃がしたのは

残念だが、もうどうにもできないので、棒を捨てて行こうとすると、このときすでに日は暮れて、しかたなく元の道を引き返し、その夜はある木樵の家に一宿を頼んだ。翌日、新宮の旅籠へ帰って、ことのしだいを物語って聞かせた。

やがて同地の興行を終えて、帰ってきたのは四、五日前のことで、近来珍しい話なので、ことさらに絵を加えて、そのときの様子を記した。

◎『朝日新聞』

明治一六年七月一七日

父の敵は大タコ

『日本山海図画』に北海の大タコがあり、足の長さ三・六メートル余りという。それは昔の物語だが、現在もこれにまさる大タコについて、一つの珍事があると通信員からいってきたのをそのまま記す。

所は、薩摩国《さつまのくに》鹿児島郡のうち郡元村《こおりもと》（鹿児島市）という村。ここに島津家の旧臣で現在は鹿児島県士族の本田平八という者が、廃藩置県ののちに帰農して、かたわらに漁師をして、昔の腕力はどこへやら、丁丑の役（西南戦争）にも関係せず、世をうみ渡る漁夫として生活していた。

元来、この平八は、壺を使ってタコを捕ることが上手で、先月二十日にもいつものように未明からタコ取り機械を船に積んで、長男の小平太（十五歳）とともに漁船を漕ぎ出し、遥かな沖に行って数個のタコ壺を

下ろした。時間を見計らっているうちに、急に海中で壺縄が曳かれ、これは良い獲物だと引き上げようとすると、なかなか重くて容易には上げることができないので、小平太とともに力を合わせてやっと引き上げると、現われたのは大タコで、頭の大きさは四斗樽のよう、足の長さは六メートルを超える恐ろしい姿に、父子はギョッとしたが、さすが薩摩武士の果て、少しも騒がず平八は、用意していた銛《もり》で突こうとした。ところが、

大タコは足を平八の胴にからませ、水中へ引き込もうとするのに、そうはさせまいとしばらくは引き合いをしていたが、憐れ平八は水中に引き込まれ、行方不明になった。

　船中にいた小平太は、眼前で父を奪われ、その無念はやるかたないが、どうにもなすすべがなく、櫓を漕ぐ力さえもなく、家に帰って母親の薫に、ことのしだいを告げた。母親は、驚いてしばらくは言葉もなかったが、ややあって小平太に向かい、「私も今でこそ世を憚って漁師の家に身を忍んでいるが、桐野利明（利秋）の姪、むざむざと夫が討たれたのをこのままほうってはおけない、たとえ千尋の底は深くても、竜宮城へも行くつもり」という。

　小平太は母の心を慰めつつ、「そのお歎きは道理ですが、それはあまりによろしくありません。ここに一つの上策があります。タコというものはサトイモが好きだと聞いています。そこで、たくさんの新芋を潮時をみて磯辺に置けば、必ずタコが寄って来て、あの大タコもともに来たならば、討って取りましょう。そのためにはこうこう」と、手筈を母に教えた。

　同月二五日の朝、干潮時をはかりつつ、多くの芋を撒き散らし、母子は岩の間に入って、今か今かと待っていると、天も貞孝を感じたのか、多くのタコが集まって来た。そのなかに、あの大タコも混ざっていて、芋を取ろうとしたときに、小平太は父の敵を手取りにすると向かって行くと、タコは足を伸ばして小平太の首筋に巻き付けて、喉を絞めようとした。アッと一声叫んだところへ、母の薫が躍り出て、研ぎ澄ました鎌を持ち、からみついた足を切って落とし、さらに手当たり次第に所かまわずに斬りつけたので、敵を討つことができた。

ところが、小平太にからんだ足はなかなか離れず、およそ二時間も経って取り外したところ、その跡が紫色に腫れ上がり、今でも残っているという。実に希有な話ではないでしょうか。

◎『絵入朝野新聞』明治一六年八月一七日

タコ人間売れた

千葉県下、木《き》更津《さらづ》の沖で、漁師の勘右衛門が網を下ろしたときに引き揚げたタコ人形は、顔から頭までの長さ一二センチ、首から尻までの長さ二七センチ、体の周囲は三六センチもあり、体長は一〇六センチにおよぶ。珍しい魚なので、その話を聞いた品川の品川松が木更津へ行き、よくよく見ればこの図のようなもので、相談して買い求めたという。

◎『東京絵入新聞』明治一八年七月三日

踊る怪猫を追え

嘘か誠か、白河《しらかわ》の関《せき》（福島県白河市）の東に、近頃あった猫怪談と、同地の人からの報告のままに記す。

岩手県庁よりおよそ二八キロも離れた橋場と生保内《おぼない》の間、山脈が連なるなかでも有名な国見峠の山麓に八釜村という小さな村がある。ここに御一新以来住む岩手県士族の豊岡祐則は、もと南部家の藩士で、廃藩置県のときに城下から退き、わずかなつてを頼りに同村に引き移り、女房お静（二一歳）を貰いうけ、一昨年六月には祐三という男子が出生した。

かれこれ出費が多く、遊んで暮らすわけにもいかないと、最近、六郷《ろくごう》駅の商家何某方へ手伝いに住み込み、毎月二、三回ずつ我が家に帰って、女房・倅の手当をして、また主人方へ戻るという生活をしていた。先月初め、ある夜、女房お静は、いつものように夫の留守を守り、倅の祐三と添い寝をしていたが、邪気にでもおかされたのか、祐三が急に発熱し、容態がよくないので、たいへんに心を痛めた。夫が六郷から帰るのはまだ五、六日もあり、相談する者もなく、お静一人で気を揉んで、おちおちと眠ることもできず、せめて夫が家にいれば、この心配も半分になり、心強く思えるのにと、さすがに女の心細さ、薄暗くなる行灯を幾たびとなく掻き立て、心配して我が子の顔をのぞきこんでは溜息をつき、何くれとなく

介抱を続けた。

しかし、昼なお閑《しず》かな山の中、隣もない一つ家だけに、山の峰をわたる松の風、筧《かけひ》を伝う水の音も、夜が更けるにつれてうら寂しく、丑満時に病苦に疲れてたわいなく眠りについた祐三が、にわかに物におそわれて、ワッと一声泣き出せば、お静は抱き起こして乳房を口に含ませ、「可哀想に、この熱で眠れないのも無理ではない」と言って、頭を撫でてやると、祐三はしばらく飲んでいたが、乳房をはなして廻らない舌で、はっきりと、「もし、お母さん、僕の顔がどんなだか、灯りでじっくり見ておくれ」と言われ、母はびっくりして、「気味の悪いこの子は、まぁどうして物が言えるのか」と思わず顔を覗くと、今までいつもと変わりのない我が子だったのが、年ふる猫となり、髭を動かし耳を振り、歩きだしかねないありさまに、アッとばかりに驚いた。

　ありえないことと思って心を静め、よくよく見ると、雲か狭霧《さぎり》かもうろうとした姿形は消え失せ、もとの姿に戻ったので、ドキドキする胸を撫でながら、不思議なことだと前後を見廻し、中仕切りの障子を開けて次の部屋へ立とうとすると、家で久しく飼っている五郎という大猫が、置き忘れた手拭いをかぶってヌッと立ち上がり、踊り狂っていた。ふたたびゾッと身の毛もよだち、二歩三歩と引き下がったが、キッと心を取り直し、昔忘れぬ身の用心、母の形見の懐刀《ふところがたな》を手に持ち窺い寄ると、怪猫が振り返ったのでバレたかと思ったところ、たちまち走り去って見えなくなった。

　お静は祐三の顔、また今の奇怪をみて、心の中で深く猫の五郎を憎み、夫の帰るのを待ちかねて、同じ村の某が六郷へ行く用事があると聞いて、これ幸いと事のあらましを手紙に書き記し、その者に託した。

　祐則は手紙を見て大いに驚き、早速、主人にも訳を話し、大急ぎで家に帰った。夫を見るなり、お静は喜び、まず祐三の容態を述べ、続いて五郎のことを詳しく物語った。祐則はよく聞いて、飼い猫の化けたという話は昔から随分と聞くが、捨て置くことはできない変事なので、居場所をみつけしだい、騙して刺し殺し、後日の憂いを除こうと言えば、お静も当然の考えだと、それとなく猫の行方を捜した。すると、そこは畜生の悲しさ、三日目の夕方、ひょっこりと勝手口から入ってきたので、祐則は引き寄せて隠し持った脇差で眉間に斬りつけると、五郎は驚いて飛びあがって、一目散に逃げて行った。おのれ逃げさせるものかと跡を追ったが、はやくも暮れかかる逢魔が時、ついに行方を見失った。しかし、こうまで辛い目に遭わせたのだから、ふたたび悪事はしないだろうと、祐則は安心して、お静に我が子のことを任せて、六郷の主人の下へ帰った。

　お静も五郎が重い傷をうけて逃げ去ったと聞いて心を休め、ことにその夜は祐三も気分がさほど悪くはないのか、心地よげに眠るのを見て、二、三日よく眠れずにいたので、この間にちょっと休もうと枕についた。

　しばらくして、「キャッ」という我が子の声に驚き慌てて飛び起きれば、あの猫が祐三の帯ぎわを咥《くわ》えて、窓を蹴破って逃げようとしている。意外のことに、ふたたび驚き、寝る間も放さないでいた懐刀をひらりと引き抜き、確かに一太刀斬りつけたが、祐三に怪我をさせないようにためらったので、猫はこともなく咥えたまま、いずこともなく走り去った。こちらも一生懸命に我が子を返せ、戻せよと声をあげて追いかけた。村人も聞き知って、「大変なことが起きた。皆々出合え」と大騒ぎになり、その総勢三四、五人、お静を助けて終夜、あちらこちらを捜索したところ、八釜村より五五〇メートル余り離れた鶴石という山相の草木が茂った所に、五郎がいるのを見つけた。

　怪猫だ逃がすなと、八方より取り巻いて打ちかかるのを、身をかわして牙を鳴らし、爪を研いで、噛み倒そうとするのを、大勢にてようやく仕留めた。まず一方は片付いたが、祐三はどうしたかと狂気のように嘆くお静の心中を察して、右の人々は手分けをしてくまなく探索すると、神代杉の洞《うろ》のなかで祐三の叫ぶのを聞き出し、皆が一か所に集まって引き下ろした。幸いに浅い傷も負っておらず、お静の喜びはひとしおで、村人に篤く感謝し、翌朝六郷の祐則のもとに伝えたらば、同人も仰天して早々に帰り、祐三が無事なのを祝って、莚《むしろ》を敷いて村人を招き、喜びの酒を酌み交わしたという。

◎『改造新聞』
明治一八年一一月一一日

■コラム3

明治期海外邦字新聞の怪異記事と国内新聞の海外怪異情報

明治時代、海外においても邦字新聞が出されている。その多くは近隣諸国でだが、日本に併合された後も含めて当地の諸新聞を調査すると多様な怪異記事を見出すことができる。そのなかには日本国内の話題も少なからず含まれており、比較検討すると両者の関係なども浮かび上がり興味深いものがある。また、遠くアメリカ大陸などで発行されている邦字新聞などもあり、それらのなかにもご多分に漏れず怪異記事が散見できる。

いっぽう、国内各紙にも海外からもたらされた怪異記事がいくつも掲載されており、明治時代における怪異情報は江戸時代とは比べものにならないほど大きな広がりを有しているのだ。メディアの発達によるこうした状況は近代という時代がスタートした明治時代ならではの特徴で、江戸時代とは決定的に異なる事象といえる。このような海外との関連での怪異情報の一端を紹介したい。

明治四二年七月三日、『満州日日新聞』に「古狸美人に化る」との見出しで、芝白金の陸軍火薬庫付近に夜な夜な現われる美人が実は古狸が化けたもので、哨兵によって退治されたとの記事が掲載された。この話題は日本国内でも多くの新聞に紹介されており、そんな騒ぎが『満州日日新聞』が取り上げるきっかけとなったのだろう。こうした日本国内での記事をもとに書かれたものが多く、その掲載日も大きく遅れていないことから日常的に日本の新聞が国内同様にもたらされ、それが情報源となっていたことが見てとれる。しかし、それだけが唯一の情報源だったわけではない。日本の新聞に取り上げられていない日本国内の怪異事件をも記事として掲載されているからだ。それらのなかには当地を訪れた日本人から直接聞いたケースも見受けられるが、多くはどこから得た情報か定かでない。だが、こうした怪異記事は資料的には貴重な存在だ。なぜならば日本国内の新聞だけの調査では欠落してしまう情報をもたらしてくれるからだ。

いっぽう、当地の怪異を日本の新聞が取り上げるというケースも散見される。明治三五年八月二九日から三回にわたって『福岡日日新聞』に「台湾の怪談」と題して連載された記事は『台湾日日新報』や『台湾民報』に連載された台北市内の民家で起こったポルターガイスト現象を紹介したもので、連載するほどの熱の入れようである。こんな事例もあるくらいで、海外のさまざまな怪異記事が国内新聞にも紹介されているのである。

ところで、海外からの怪異情報を記事にするというケースはこうした近隣諸国からのものだけではない。明治時代の新聞にはヨーロッパ、南米アメリカ、アジア、アフリカ、オーストラリア、さらには海洋上など、世界各地の怪異が紹介されているのである。そして、これら多様な怪異の情報源を調べるとけっして一様でないことがわかる。大別すると、外国の新聞からの情報、外国の新聞からの情報を記事にした国内新聞からの転載、来日外国人や海外からの帰国者からの情報、国内外国新聞からの情報などである。さらに、情報源がわからないケースも存在する。こうした多くの海外怪異情報に挿絵をつけて読者の興味をひく記事としているケースもあるが、これらの挿絵を描いた者のなかには江戸時代に絵師として活動していたものもいる。版本や錦絵が廃れるなかで新聞の挿絵描きに転身したことを思うと激動する時代を感じずにはいられない。

明治九年一月二九日の『東京平仮名絵入新聞』（三六ページ参照）にはアフリカに向かうイギリス船が鯨をぐるぐる巻きにして海中に引き込んだ巨大海蛇の目撃談を挿絵をつけて紹介しているが、この記事はもともと二五日の『朝野新聞』に掲載されたものだ。それを『東京平仮名絵入新聞』は珍しい話なので

挿絵をつけて再録したと文末でことわっている。挿絵をつけることでいっそう面白い記事になると思ったからだろうが、こんな二次情報記事もあったのだ。いっぽう、明治四二年三月五日の『東京朝日新聞』には台湾近海でイギリス船が目撃した怪獣の話を記しているが、その挿絵は怪獣を目撃した船員が描いた絵を掲げたもので、同じ記事を紹介した『信濃毎日新聞』や『名古屋新聞』も同様の図を掲載している。海外情報ひとつ取り上げてもさまざまなケースがあるのだ。なかには、日本の新聞に掲載された怪異情報を外国紙が取り上げ、それを再び日本の新聞が掲載するといった事例もあるくらいだ。

こんなところからも海外からの怪異情報の多様性が垣間見える。

しかし、こうした数々の記事によって読者は江戸時代には知ることのできなかった未知の怪異情報に初めて接することができたのである。怪異を通じて文明開化を実感した人もいたのではないだろうか。

妖怪天国

天狗が生活指導

怪力乱神を口にするべきではないというが、古人風来（平賀源内）は、『六部集』に「天狗の髑髏《どくろ》」と題した文の最後に、「天狗でも野暮ではないと髑髏《しゃれこうべ》言わせて置くが通り者なり」と、一首の戯れ歌を記したのは、当時の西洋学者でも一段、鼻の高い見識である。

天狗の説は、昔から高尾《たかお》山《さん》や鞍馬山《くらまやま》・富士大山に、秋葉《あきば》神社に筑波《つくば》・日光《にっこう》・榛《はる》名《な》山《さん》・吉野《よしの》大峰・愛宕《あたご》山、四国は讃州象頭山《さんしゅうぞうずさん》、あるいは日向《ひゅうが》の霧島山《きりしまやま》、その他国々の深山は、たいがいこの者（天狗）の遊園地であるといっても見た者はなく、ないといっても事欠かない。

河童のお尻の究理学者は、肩肘張って論じるが、有無は私は保証せずと断っておいて書く、そのことがらは、新潟県下柏崎《かしわざき》のほど近くに米山《よねやま》という高山がある。その麓の村に住む小西という農家の倅某は、あまり素性がよくなかったが、先月下旬に米山へ馬草を刈りに行ったまま、夜の更けるまで帰ってこなかった。家族が心配して、谷に落ちたか、獣にでも喰われたかと、あちらこちらに手分けをして捜した。

米山の谷間に亀生橋《きしょうばし》という橋があり、そのかたわらの一軒家に山越えの人々に茶などを売るのを生業にする女主人がいた。小西の倅を捜しに出た人々がそこで休みをとって、「今日で五日も捜しているが、さっぱり行方がわからない」と話

しているのを、さきほどから休んでいた老人が事情を聞いたうえで、「それならばさほど心配することはない。あと二日もすれば居場所もわかるだろう。しかし、その後のことに気をつけなければならない」と言って立ち去ったが、どこに行ったか姿が見えず、不審に思って人々は戻った。

一日おいて、ちょうど七日めにあたる日、倅は鎌を持って自分の家に帰ってきたので、家族は死んだ人が生き返ったと喜んで、「今までどこにいたのか」と聞くと、「先日、家を出てから米山の中腹にて、輪袈裟をかけた僧侶が、こっちへ来いというのにつられて行ったところ、寺ともただの住居とも思えない家で休息し、昼は山に入って遊び、夜はそこに帰って寝、食事は木の実を三つ、四つずつだけでもたいして腹も減らなかった。今朝起きると、我が家の門にいて、どうやって帰ったか一向にわからない」と話した。

　ほかに変わったことはなかったが、帰って来てから言葉遣いも立ち振る舞いも以前とかわり、親を大切にする様子は、おおかた天狗が連れて行って意見でもしたと、その近所では評判だと、越後の何某より知らせてきた。

◎『東京絵入新聞』明治一七年九月一三日

夜空からギロリ

　最近は記者が軽蔑する怪談が多くて困りますが、去る二六日の夜十時頃、両国若松町を通りかかると、生臭い風が吹いて来て、俄《にわか》に体中がぞくぞくしたと思うと、上の方から九〇センチ余りもあろうかという大きな顔が、目口を開いて睨んだ。恐ろしい化け物の裾の方は、細く見えたという。確かに出会ったという松島町の和三吉という人からの知らせでした。

　二六日の『報知新聞』にも、上野の山下で、人力車挽きの顔をペロペロと舐めたというお化けのことがありましたが、なんと希有な話ではありませんか。

◎『東京平仮名絵入新聞』明治八年九月二九日

学習中の妖怪

大阪府下富田村《とんだ》（高槻《たかつき》市）の本照寺は、富田御坊と称し、西本願寺派にて最も格式の高い寺。先年、西大谷管長の実弟を同寺の娘とし姫（世間では姫様という）と結婚させたが、日野沢依といって今の住職である。

さて、この寺に七、八年前から不思議な怪異があり、とし姫を悩ますことが続いている。その一つ、二つを聞くと、居間にある火鉢が忽然と動き出したり、天井から炭団《たどん》が落ちてきて火となり、あたりを転げ回り、あげくに姫の裳裾《もすそ》に当たって燃え移る。ときとしては、本堂・居間のいずれともなく鳴動して庭の木石を動かし、何者のしわざであるか、何の妖怪であるか、分からなかった。とし姫がこのために病の床に臥したので、講中や世話人が大勢、昼夜わかたずかたわらに詰め寄せた。

その講中のうち、少し胆力のある若者が、ある日、大声で「怪異をなすのは何者ぞ、正体を顕わし、怨みごともあれば、つぶさに訴えよ」と怒鳴った。すると不思議なことに空中に声があり、「今そこへ正体を顕わすべし」と言って、座中へ何か投げ込んできた。とりあげて見れば、紙に茶色の毛（狸の毛に似た）五、六本と、「いわさきねんじう」と書いたもの、それと小石が重しに包み込まれていた。一同は驚いて、まずそのままにしておいたが、怪異は止まなかった。

　その後、また同村の小学校で生徒の手本や墨筆がたびたび紛失し、このごろは教師の所持する『日本外史』などが紛失したという。思うに古狸が日々勉強して、追々進級したからであろうか。

　その証拠というのは、このほど山口県の士族某がこの話を聞いて、退治しようといって、いろいろと相談していたとき、西洋犬を十匹ほど連れて来て、その住み処を探ろうというと、たちまち座上に小石に紙を巻いて投げ入れてきた。よく見れば、「イワサキネンジウ」とカタカナで書いてあった。

　また空中に声があって、「洋犬を恐れる者でなし」と大声で笑うので、一同びっくりして、あいつは火を弄ぶから、どんなことをするかわからないといって、退治するのを断った。

　最近、投げ込んできた紙には、楷書で「岩崎年重」と筆勢みごとに書いてあったという。富田村近在では大評判だというが、あまりに不思議過ぎて、本当らしくは思えません。

◎『郵便報知新聞』明治九年四月五日

女鬼が迫ってくる

　このごろ、西京にて評判の東近江の森山辺から野洲《やす》のあたりで、夜中にときどき鬼が出て、在所の人を取って喰うという風聞があるが、先日の子ども巡礼の話と同様のことと思っていた。

　去る十五日に江州栗太《ごうしゅうくりた》郡手《て》原《はら》村（栗東《りっとう》市）の里村伝次郎という堅実な人が、西京の岡本某の所へ来たので、岡本より早速このことの虚実を尋ねると、伝次郎はたちまち顔色を変えて、震えながら、「いやもう、出るとも出るとも、鬼が出て人を喰い殺すのに違いない。すでに私の親類で、野洲郡安井村に住む某が、このあいだその鬼に喰い殺されようとするところを、ようやく助かりましたが、今でも煩《わずら》っている」との話だった。

　安井村の某に問い合わせたところ、今月五日の晩に野洲川の辺を通りかかると、後ろから一人の女が追いついて来て、「森山まで参る者です。どうぞ道連れにして下さい」というのを見れば、まだ年若いやせ形の女であった。「私も森山の在まで帰りますから、一緒に行きましょう」と、少しばかり行くと、彼女は馴れ馴れしく話をしながら、ジロリジロリと顔を見る目付きが、何ともの凄く、身の毛がよだつように感じた。

　気味の悪い女だな、近頃噂のある鬼の化け物ではないか、と思ってにわかに早足に急ぎ出すところを、彼女もすかさず走り寄ってきた。ふと顧みると、口は耳の下まで裂けて、両目に光を放ち、歯をむき出して、火炎のような舌を振るいながら、「オーノーレー」と言いながら、背後から飛びかかり、耳と目の間へガシリと噛みついた。某はもとより百姓で、血気盛んな男なので、力に任せて鬼をはね飛ばし、雲を霞と走り逃げ、ようやく我が家に帰ったが、たちまち正気を失って臥せったまま、十日余りも患った。そのうちに、鬼の住み処もおいおい分かり、病気もようやく平癒したという。

　このほかにも、木樵《きこり》が一人喰い殺されたとかいいますが、それは明日の話にいたします。

◎『東京日日新聞』明治九年四月二〇日

四少年が天狗に会う

野州足利《やしゅうあしかが》郡小俣《おまた》駅（足利市）の小学校は、駅の北二〜三〇〇メートルの所に本校があり、それより四キロ余りも北の山間に森手の明神がある。その社のかたわらに分校があり、去る五月十七日の朝六時ごろ、河内金作という一二歳になる子を頭として、角太郎・民次郎・友二郎など一〇歳ばかりの生徒が四人で、この分校に来た。まだ授業が始まる前なので、明神の境内で遊んでいたが、すぐ下の往来の方から馬につけるような鈴の音が聞こえたので、振り返って見れば、鳥居のそばに来る者があり、身の丈二七〇センチばかり、白い着物を着て、高さ三〇センチばかりの下駄をはき、手に鈴を持ち、長い白髪は後ろに垂れて、髭も白く胸の下まで下がり、鼻はさして高くなく、目はキラキラと光っている。そして、薄黒い布のような、幅三〇センチ、長さ一二〇センチの翼と思われるものが両わきの後ろにあり、明神社に向かって鈴を振っていたが、たちまち鈴を握ると思うと、遥かに遠い雷電山の頂へ飛び去った。

このとき子どもらは、大いに驚き、いかにも奇異なことだが、ぜったいに天狗だと、学校に走って行って教師に言った。教師はこれを信じず、生徒らの作り事だと言うと、四人の子どもはそれぞれ確かに見たと詳しく言うが、教師はなおも信じない。ただ「なるほどそうか」とだけ言っていた。ところが、さきほどから学校に来ていた小林おふじという女性が、さきほどどこかで鈴の音がしたのは、確かに聞いたというので、このことが嘘ではない証拠であった。けっして四人の子どもが一度に神経病を患うこともないから、本当に見たことに相違はない。

しかし、これは天狗というものかどうかはわからないので、世間の鼻高先生にお尋ねしたいと、四人の子どもたちから投書が参りました。

◎『東京日日新聞』明治九年八月九日

生首女が顔をペロリ

これは一昨夜のホヤホヤの新聞、東京府下、石浜の村はずれに千葉作助という百姓がいた。先祖は千葉助常胤だといって、月星の紋をつけて、毎月総泉寺へ墓

参りに行くという、少し足りない男。

このごろ流行の取退無尽《とりぬけむじん》の札を買い、どうにかして当たりたいとの一念から、他人の話を真に受けて、山《さん》谷《や》の乗円寺鬼坊主の墓へ参り、明日は第一の当たりクジをお授け下さいと、一心不乱に題目を称《とな》え、お通夜のような、真っ暗なしょぼしょぼ降りの十二時過ぎ、お化けが出るにはお誂え向きに、柳の枝は風に動き、千住の火葬場の生臭い匂いが鼻につき、浅草の鐘も陰にこもってもの凄い。

　折から雨が強く降り始め、鬼火があたりの卒塔婆・石塔を照らし、バッと響く物音に、さすがの作助、頭を持ち上げて、怖々ながらあたりを見れば、これはどうしたことか、大きさは四斗樽ぐらいの女の生首がころころと転がり出て、作助めがけて真っ赤な舌でペロリと舐める、その恐ろしさ。

　なみなみならない抜け作ゆえ、さては信心を受け止めて霊仏が姿を顕わし賜うか、アラありがたやと伏し拝んだ。よくよく見れば女にて、鬼坊主様ならば毛がない筈と、初めて怖いとびっくりし、そのままワッと声をあげて気絶し、そこへ倒れた。家の者が驚いて手に手に棒を持って庭に下りると、よく見るとほかならない作助なので、水と薬よと介抱したところ、ようやく息を吹き返し、しだいに話をした。

　これはまったく作助が無尽に当たりたい当たりたいと思う心の迷いから、たぶん狐にでもつまれたのか、文明開化でいえば神経病。

◎『かなよみ』　明治一〇年七月七日

河童の皿に高値

　河童の頭上に皿があるという話は、誰彼も子どもの頃から聞いてはいるが、眼前に見た者はおそらくいないはずと思いの外、近江国長浜門前町（長浜市）の古道具商西川忠平が、この皿をかねて所蔵すると聞き込んで、越前敦賀《つるが》の船頭加島市蔵は三毛猫の雄にも勝って航海安全になると思っていたので、とるものもとりあえず長浜へ行き、何気ない様子で骨董をひやかしてみたのち、段々と値切って、わずか天保銭数枚であの頭皿を買い受け、飛ぶようにして敦賀に帰った。

船乗り仲間に見せたところ、欲しがる者が多く、五〇円あるいは七〇円でも買おうというから、市蔵はますます珍重し、ついに一四〇円、一五〇円までの高値に値上げしたが、なお惜しんで売らないという。余計な世話ながら、化けの皮のはげないうちに、早く見切ればよいのに。

◎『読売新聞』明治一二年三月四日

天狗の遊び相手

下総国香取《かとり》郡佐原《さわら》村（香取市）の桶屋伊能幸助の長男熊太郎（八歳七ヶ月）が、去る十二日、学校より戻って村の子どもらと相撲などをとって遊んでいたが、どうしたことかいつもとは違って、続けて四、五番も投げつけられた。心楽しくなく、一人友と離れて、そばで遊んでいたとき、身には木の葉のようなボロをまとった、見知らぬ一人の背の高い男が忽然と現われ、「汝この輪を回せ」と一つの竹の輪を授けた。

熊太郎は臆することなく、手に取って学校の周囲を幾度となく回るのを、その男は見所のある子だという顔つきで、つらつらと眺めていたが、やがて夕日は山の端にかかって、人の顔も分からない時刻になった。男は学校の庭にある大槐《おおえんじゅ》の木を指さし、「熊太郎、汝もこの木に登らないか」と言い、答えも待たずにすらすらと登ったが、心神恍惚としてその後のことは覚えておらず、木の股に腰懸けて、鬱々と眠るともなく、日が暮れてしまっても枝にとりついていた。

　家では午後になっても戻らないので、溝へ落ちたか、山に迷ったかと心配して、手分けして捜しに出かけたが、遠い所ではなかったが、高い木の梢にいたので、誰もこことは気が付かず、ただ声をあげて呼び立つ折から、遥かに答える声あるのは、あの槐の木の上のようだと、ようやく見つけて、綱で釣りおろした。

　さてなぜあのような所にいたと聞いたならば、右のように語って、確かに木の葉の衣を着ていたとはいえども、小児の言葉なので人々は半信半疑だった。

　翌十三日、学校の掃除人が庭を掃くとき、四五センチほどの足跡が砂にあったと言うので、ますます天狗に相違なしと、村中の評判が高くなった。奇を伝える話に似ているが、しばらくは知らせのままを記す。

◎『東京日日新聞』
明治一三年五月一九日

農夫を殺す旋風

　いかにも怪しい話だが、最近のこととか、京都府宇《う》治《じ》郡山科御陵村（京都市山《やま》科《しな》区）の吉田庄吉が、同村の字北詰端という所で畑仕事をして、午後四時過ぎに帰宅しようとしたとき、たちまち一陣の風が吹いてきたように地面に倒れたのを、同村の土岐清兵衛がどうしたかと駆け寄って見ると、庄吉は全身真っ黒に焦げ、数か所に傷を負って死んでいた。

清兵衛は、大いに驚いて、最寄りの警察署に伝えると、巡査・医員がただちに出張して検視したところ、その傷は獣類の鋭い爪でひっかかれたのに似ていて、不思議な死に様なので、近くの者は風鼬《かぜいたち》の仕業だといっているという。風鼬とは、他所では鎌鼬という類か。

◎『朝野新聞』 明治一六年七月三日

怪物をくみ出せ

近頃珍しい怪物退治のお話は、岩代国《いわしろのくに》伊達《だて》郡長岡《ながおか》村(伊達市)の共有地に、幅九〇メートル、長さ三六〇メートル余りの大沼があり、深さは九メートル余りで、昔から水の涸れたことがなく、苔むして物凄い所である。

その真ん中に竜かと思えば竜でもなく、鰐かと思えば鰐でもなく、盆の大きさの目を開いて、光キラキラとして四方に輝き、角のような耳があって、口は両耳ともおぼしきところまで裂け、鋭く尖った歯を見せ、首の長さは六〇センチ余りもある怪物が棲むのを、しばしば見る者がいた。

村内一同協議のうえ、先月十四日より村民残らず出払って、その大沼の水をくみ尽くそうと、四個の水車を作り、三日三晩、水除けに力を尽くした。今にも怪物が出るか、その後は沼から逃げ出すかとびくびくしながらくみ尽くしたが、湧き出る水が多く、容易に怪物を生け捕ることができないので、なおも水車を多くして、必ず怪物を捕らえようと、このことを郡役所にも届け出て、郡吏の出張を願い、沼の四方には桟敷を設けて見物客に見せ、怪物退治に従事した。

どのような怪物かは知らないが、どうも大げさな話で、聞くところによると、七五年前にも水干しにかかったことがあったが、干し尽くすことができず、なんだか不思議なこと怪名《かいな》。

◎『開化新聞』明治一六年一〇月三日

「羅生門」の鬼女

本郷あたりに住む士族の某は、釣りが好きで、年々秋から冬にかけては戸田川あたりをあさり歩いて、鯉鮒を捕るのをなによりの楽しみとしていた。

今年もはやその季節になれば、先月は二度でかけたが思わしきほどの獲物がなく、残念だといって、去る十日は朝から家を出て終日釣りをして夕方に竿を納め、王子から庚申塚《こうしんづか》、それより大塚と帰る途中、大塚に出る二〜三〇〇メートルほど手前に、左右より樹木が生い茂り、薄気味の悪い所がある。

某は、かつてからその場

所を知っていたので、その手前から羅生門の謡をうたいながら、ブラブラと歩いて来るうちに、後からその謡を真似して来る者がいる。憎い奴め、奴をからかって、こちらは歌い潰してやろうと、一層声を張り上げて歌うと、彼も負けずに大声で節を付ければ、某はそのうえにも声を張り上げ、「綱を睨んで立たりけり」と歌うと、それまで遠かった歌声が、すぐ背後に聞こえた。不審に思って見返ると、これはいかに、先頃新富座で演じた菊五郎の「茨木」よりもっと恐ろしい、鬼女がすっくと立って、某をハタと睨み、恐ろしさに某はたまらず、竿も魚籠《びく》もそこへ捨て、命の限りに逃げ出し、大塚の通りに出たのも知らずに往来の人に突き当たって、はじめて人心地をついた。それからは、なお恐怖心がまして、ようやく辻駕籠で我が家へ戻ったとか。

あの辺りには悪い狐が多ければ、おおかたそれらのしわざだろうという、不審なことなり。

◎『東京日日新聞』明治一六年一一月一五日

猿島の水虎

去る十四日（チト旧聞だが、まぁお読み下さい）、強い雨風に東京近郷は雷も激しく、府下本所へは落雷があり、諸所の窪地には水が出て、品川沖では漁船が転覆して、危ないところを救助されたという知らせもありました。

当社、両日の休業中に他

の新聞に掲載されたから詳しくは出しませんが、昨日房州《ぼうしゅう》磯村《いそむら》万騎坂《まんぎざか》あたりで、笈《きゅう》を背負った小野高知さんから、下絵を添えて送られた一条は、同国天津あたりの漁船（乗組員四人）が、午後二時ごろより沖合で網を下ろすのに、この日は雨天なので獲物もなく、ことに七時を過ぎるころには、雲が立ち黒くはびこり、風がおいおい激しくなり、逆波が船を覆うようになった。急いで櫓を早めて漕ぎ返そうとしたとき、雷鳴水底に響き、海の音に混ざってもの凄くなり、あわや船も転覆するというほどで、漁師たちは口々に神仏の尊号を唱え、波のまにまに漂ううちに日はまったく暮れ果て、暴風強雨はますます激しくなり、一同、生きた心地もしなかった。

　そのとき、一つの小島に流れ寄っていき、四人の者は盲亀《もうき》の浮木《ふぼく》に逢った（百年も待ったような）心地で、とりあえず船を乗り捨て、その小島によじ登り、木の陰に風雨を凌いで、夜が明けるのを待った。

　おいおい風はおさまり、雨も小降りになっていき、曙が近くなったころ、島の岸根の波が逆巻く岩の上に這い上がる異形の物があった。四人のうち万騎坂の黒徳という漁師はとくに心が強い者なので、持っている櫓を打ち付けたところ、恐れてそのまま海中に飛び込んだ。

　そのうちに夜は明けて、漕ぎ出た船を見かけて呼び、救いを求めた。幸いにも昨夜捨てた船も遠くには流れておらず、島の周辺にあったので曳いて来てもらい、ふたたびその船に乗って帰った。その場所は、相州浦賀沖にある猿島だったという。

　記者曰く。小野氏の送られた原稿に、漁師の黒徳がまさに見たという海獣の姿形を描いているのを、いささか潤色してここに付す。その図によって考えると、写本（『水虎図説』）に記載する寛政年間に越後国新潟より出るという水虎の図に似て、その海獣も世にいう水虎（カッパ）の同類かと思われる。

◎『かなよみ』
　明治一〇年九月一九日

御所で大入道撃つ

　恐れ多くも皇居において、いわれなく発砲するとはいかにも不心得な兵卒。高知県土佐国吾川《あがわ》郡狩山《かりやま》村（仁《に》淀川《よどがわ》町）の徳蔵の次男で、当時は近衛兵第一連隊第二大隊第二中隊歩兵卒の渡辺万弥という臆病者は、昨年の二月二〇日のこと、青山御所を守衛するため午前二時から九の門において歩哨中、ことのほかの暴風雨に、何となく心淋しく思っていた。内庭のあたりで怪しい物音がして、坊主のような怪物が現われ、かすかな声で、「哨兵、哨兵」と呼ぶように聞こえるので、ますます怖くなった。気を励ましてこれを見ると、はっきりとしたものも見えないので、これはいつも聞いていた狐狸などのしわざだろうと思い、再び現われたならば一発で撃ち取ってやると、以前に増したる勇気を生じ、持っている銃に弾丸をこめて、怖々ながらも待っていると、にわかに発する砲声に、ハッと驚いて四方を見れば、いつしかその身は前に倒れ、右手の指を打ち落としていた。

　どうやら失神したようで、何もよく覚えていないと申し立てたが、もとより皇居に坊主のような怪物がいる道理がないので、発砲して身体に傷をつけたのはわざとやったこととして、とうとう軍法会議において軽禁錮一月二十日間に処せられたが、じつに軍人にも似合わない臆病な男です。

◎『開化新聞』明治一七年四月一二日

棺おけから幽鬼

『滬報《こほう》』に、左の一話を載せる。

　清国江寧に飛脚を業とする者がいた。人の依頼を受ければ、どんな暴雨烈風をも厭わずに、時刻の間違いもなく、奔走するので大いに人に愛され、お得意様もしだいに増えた。

　近頃、書翰を持って鎮江に赴いたところ、途中で雨にあって日もすでに暮れ果て、すぐそばも見分けられなくなったが、行き馴れた道なので気にも懸けなかった。雨はますます降りしきるので、しばらく休もうと、ある鎮守の杜に入った。

　すると、この社に生々しい一個の棺おけがあった。誰のしわざかというと、この棺のあった家に、夜な夜な物の祟りがあるので、恐れて荒神の祠に送ったものだった。それとは知らない某は、祠に入って憩うと、棺中がにわかに鳴動して、蓋の隙から一条の黒い気がとろとろと立ち上り、祠の前に躍り出ると、その中に悲しげに天を仰いで叫ぶ者がいた。そのときに閃いた電光をよく見れば、毛髪を振り乱した大きな幽鬼であった。

　某が最初に祠に入ったときは、神前にぬかずいて黙禱していたが、今この怪を見て、思わず身を起こし、棺おけの後ろに潜んで祠前を窺うと、ほどなく雨が止むと同時に、屍《しかばね》も棺に入ったので、ホッと一息して、急に走り出た。

　三〇キロも来たかと思う頃、また雨が降り出したので、遥か向こうを見れば村家と思える灯光が森の中に見えた。ここに一夜の宿を借りようと、急げど急げど着かない。そうこうするうちに東方がほのぼのと明け渡ってみれば、古墓の前にある大樹の下に仮寝していた。

某も我ながら不思議にたえず、鎮江に着いてから逢う人ごとに、語り伝えて一夕の話にしたという。

『柳斎志異』『虞初新誌』などに載せるべき話ながら、『支那新聞』はまったくのでたらめではないと信じて掲載しているので、ここに訳出する。

◎『郵便報知新聞』明治一八年六月一八日

かまいたちに注意

今朝六時頃、母親と二人連れで春木座の内所見物、首だけ先へ出して道を急ぐ十七、八歳の新造盛り、極上品ではないけれど、行き違いにちょっと振り向いてみたくなるあだ作り。母を急がせて、砲兵本廠前を通るとき、小石につまずいてパッタリと転んで、右の膝を突いたが、早く芝居が見たい一心で、気が張っていたので、転んで汚れた前垂れは母親が懐に押し込んで、二、三メートル歩くと膝のあたりがピリピリするのでまくって見ると、六センチばかりも切れ、パックリと口を開いていて、痛みを感じて一歩も進めなくなった。母はびっくりしたが手当のしようもなければ、通りかかった人力車を雇って連れ帰った。

小《こ》日向《ひなた》水道《すいどう》町の大関という士族の娘おいね（十七歳）で、四、五日中にある官員のところへ縁付く前の遊び納め、親父には寺参りといって一日保養するつもりであったのだが、この怪我で近所の医者にみてもらうと、まったくかまいたちに切られたとのこと、危ないこと。

◎『今日新聞』明治一八年七月二五日

河童が船で東京着

北海道札幌で捕らえられた河童が、昨日船にて東京・深川佐賀《さが》町の河岸に着いた。その姿形は猩々のようで、大きさは一メートルばかりもある。歳は四年になるというのを、同町の蕎麦屋東里庵の主が、見せ物にするために買い入れた。

◎『絵入自由新聞』明治一八年八月二七日

ぼくは天狗の使い

どうやら岩見重太郎の本にでもありそうな話だが、聞いたままに書き記す。

新潟県下、越後国中魚沼《なかうおぬま》郡にある曹洞宗宝泉寺の小僧が、同寺内の用水溜めのあたりで遊んでいたが、いつの間にやら見えなくなり、四、五日経ってもとの所にたたずんでいた。修行僧がそれを見て、連れて入れようとしたが、小僧はなかなか承知せず、修行僧をハッタと睨み、「無礼なり、下がりおれ。愚僧は天狗の使いのために、ここにたたずむなり。いらざることをするでない」と、袖を払って悠然としているので、修行僧は呆れて捨て置いた。

おりしも大雨が降り始め

たが、不思議なことに小僧の衣類は少しも濡れず、あたかも鳥の羽のようだったので、見聞した村人は「天狗小僧よ、神様よ」と大切にしていたが、果たして信じられるかどうかは知らず。

◎『絵入自由新聞』明治一八年一一月二二日

鬼のミイラ見せる

世界無双の見せ物。

十一月十七日より

午前八時開場

午後五時閉場

大人　五銭

小人　三銭

この奇妙な物は、人に似て角が生え、かつ牙があり、諸学者の説には、すでに数千年も経過した鬼の乾し固めたもの（ミイラ）だという。

近頃、たまたまこれを得て、その奇妙さに感じ、秘蔵するのに忍びず、ついに世に公にして、多くの君子の縦覧に供する。

浅草公園池の端　奇物縦覧所

◎『東京朝日新聞』明治二一年一一月一八日

笑う大入道

本所の七不思議といって古くから言い伝えられた同所は、維新前に幕府の旗本御家人の屋敷があって、淋しい町々が多いので、このようなこじつけを言いふらした者がいたのだろう。

　それをすら、今、寿座の狂言にして演じているが、この頃、五つ目の羅漢原へ大入道が、夜な夜な出るというものがあって、近所で評判であったが取り止めたこともあったか。

　去る十一日の夜十時頃、同所五の橋あたりの船頭の倅作太郎（十七歳）が、深川大島町の材木屋へ行った帰り道、例の羅漢原へさしかかると、向こうから顔を隠した大男が歩いて来て、すれ違いざま、作太郎の顔を見てゲタゲタと笑った。その顔形はなんともたとえようのないもので、アッといって一生懸命にその場を駆け抜け、歯の根も合わず、青くなって帰宅したという。

　たぶん狸が戯れに化けた大入道などではなく、羅漢原だけにヤカンにでも化ければよいのに、知恵のない狸なのかどうか、野干《やかん》は狐の持ち役だといえば、何をかいわん。

◎『東京絵入新聞』
明治一九年一月一七日

内閣の怪

　夜な夜な、紫宸殿《ししんでん》の棟に現われた鵺《ぬえ》の怪は、いまさら口碑に伝わるところであるが、それとこれと似つかわしい怪しいこともあるか。

　このほど、内閣で古狸を捕らえたということを尋ねると、毎夜夜更けに人も静まったのち、袴を踏みだして官女が通行することは、世にも訝《いぶか》しいことだと、護衛の兵卒が伝えたところ、このような夜中に官女などが通行するいわれがないので、物の怪のしわざだと思えと。

今度はただちに仕留めよと命じられたので、兵卒たちは固唾《かたず》を呑んで待ち構えていたが、五、六日ほど前の夜、いつものように一人の官女が通行するのを見た。銃槍を持って胸に深く突き立てた手応えはあったが、アッと叫んでいずこともなく逃げ去った。

その次の日、あたりくまなく探したところ、夕べ官女を見たのは庭先の松ヶ枝で、突き傷が多く見えるので、いよいよ疑いを増した。

二、三日前のことだろうか、年経たと思われる一頭の狸が、渡り廊下を通って行くのを、宿直の者が見て、「さてはおのれのしわざか、手捕りになさん」と、あちらに追い詰め、こちらに追い回すほどに、狸は井上大臣の詰め所のうちへ逃げ入った。なお、二、三人が駆けつけて、折り重なって捕まえてつくづく見るに、背から尾の先までは白毛がむくむくと生え、恐ろしげな狸なので、博物館で展示すれば格別だろうというのに皆が賛成した。

折りよく博物館で飼っていたつがいの狸のうち、雌狸が死んだということなので、これ幸いと狸の嫁入りをしたと聞いたが、これもまた狐と同じように雨が降って日の照るときだったかどうか、そこまでは知らない。

◎『絵入自由新聞』

明治二一年一〇月二六日

叫ぶ海坊主

紀州名草《なぐさ》郡の三井寺近くには、先頃からときどき、老猿のような怪物が出没して、里人を驚かすことがたびたびあった。同地の人々は、どうしても捕らえようと、百方手を尽くしていたが、去る十四日、同郡毛見《けみ》浦《うら》にて捕らえたという。

その大きさは二〜二・五メートル、頭髪は茶色く、年老いた猿のようで、目は橙の大きさで、口は鰐に似て、腹は魚のよう。尾は蝦《えび》みたく、両脇の鰭には指が生えて、人間の手のようで、重さは二五〇キロほどもあった。叫ぶときは、懶牛《(原文ママ)》のように物凄くすさまじいという。

◎『都新聞』

明治二一年一二月二六日

海童子が船を襲う

船員らの航海中の話では、ずいぶん奇異なことを聞くことがあるが、これもまた奇異中の奇異、不可思議中の不可思議な話ながら、もともと質朴な船頭の口から聞き取ったものなので、そのまま記載する。

去る十七日、深川黒江町（江東区門前仲町《もんぜんなかちょう》）の伊東竹次郎の持ち船東一丸に、千葉県登戸《のぶと》村（千葉県中央区）の荻原市五郎ほか三人が乗り、品川沖の台場を隔たる八キロばかり、羽田沖の水神棒杭という所へさしかかったとき、風模様が悪かったので、帆を巻いて錨を下ろして風待ちのために碇泊した。

その夜の二時頃、乗り組みの船頭重三という者が小便のために起きたところ、舳先の方から赤子の泣き声が聞こえた。疑わしいと気味悪く思って、船の胴の間に駆け込んで船頭の市五郎に知らせると、市五郎は剛胆な男で、「それはたぶん海童子（海の獣）のいたずらであろう。よしよし俺が目にものを見せてくれよう」と、すぐに起きて手頃な棒をひっさげて、舳先の方へ行ってみた。

すると重三の言葉に違いなく、しきりに赤子の泣く声が聞こえ、いよいよその声は近づいてきた。見ると、頭は絵に描かれた河童のような髪の毛をかぶった赤子が、裸で船の縁に這い上がり、市五郎の足元へ這い寄ろうとした。

おのれ正体を現わせてくれようと、先の棍棒を持って打ちかかれば、赤子は素早く身をかわして、市五郎の後ろにまわり、その帯に手をかけ、背に飛び乗ろうとするので、すかさず振り落として、二撃、三撃すると、赤子はニヤリと笑いながら、チョロチョロと逃げだし、ザンブと海中に飛び込んだ。

船頭どもは顔を見合わせ、驚き呆れて物もいわず、奇異の思いをしていたが、またもや恐ろしい物音がして、船の錨綱がいまにも切れるかと思うほどのありさまに、四人はいよいよ驚き恐れ、ともに神仏に祈っていたところ、ようやく夜の明けるにしたがって、その物音も自然と消えていき、一同安心したという。

◎『東京朝日新聞』明治二二年一月二四日

鬼の首を取った！

桃太郎の草双紙の赤本のような話だが、牛込通寺町の獅子寺で、日向国延岡《のべおか》神門村の佐々木久兵衛が、秘蔵の鬼の首を諸人に縦覧させている。その会場で、二、三日前に、その鬼の首を取ったとか取らないとか縦覧の人々が争い、鬼の首を取ったとはたいそうな働きだと、念を入れて見ると、実は手に取ったか取らないかという程度のことであった。

◎『東京朝日新聞』明治二三年二月一六日

鬼の持ち逃げ

先頃から諸所で見せ物にした鬼の首と腕とは、牛込神楽町二丁目の守田何某という者が、宮崎県日向国臼《うす》杵《き》郡神門《みかど》村（美郷町）の安田忠七から金二五〇円にて譲り受け、頭金二〇〇円を渡して現物を引き取り、東京での見せ物興行を企てた。

なんといっても物見高い所柄、日々大入りで、目的通りの収入があった。その後、守田の雇い人らは右の首と腕を担いで千葉県下へ興行に出かけ、もはや二ヶ月余りも経ったが一向に音沙汰がなく、しきりに気を揉んでいるところへ、売り主が残金五〇円の催促に来たので、中に挟まって守田は当惑して、首と腕に悩まされているとのこと。

◎『東京朝日新聞』
明治二三年五月二八日

妖怪変化の寺

ここに近頃めずらしい妖怪の話がある。山形県西置《にしおき》賜《たま》郡大瀬《おおせ》村（白鷹町《しらたかまち》）という村があり、この村に曹洞宗の寺があった。今は住持もなく、荒れるがままにまかせ、厨房・殿堂所々に雨漏りがあり、本尊の釈迦仏は鼠に汚され、千手観音は蜘蛛の巣に縛られるなどなど、仏法末法の譬えを目の当たりにする心地がする。

なぜこのような廃寺になったのかと聞くと、今から五、六〇年前、妖怪がこの寺に現われて住職となる者がいなくなったため、廃寺同様になったという。

もっとも文久年間までは智徳の僧鉄杖という人が、長年この寺に住んで、妖怪をものともしなかったが、鉄杖和尚が亡くなったあと、住職が絶えたので、米沢《よねざわ》市越後番匠《えちごばんしょう》町の片山何四郎がしばらく留守番をしていた。

この何四郎は元来うつけ者なので、妖怪が出るのも知らず、人がこれについて問うと、

「妖怪に出会ったことはないけれど、ただ不思議なのは東枕で寝れば、目覚めると西枕で寝ていたことがあり、北枕で寝ると翌朝は南枕に廻されており、熟睡して知らないうちに枕が廻っているので、何者がこのような戯れをするとは知らないが、一夜として枕廻しが

ないことはない。

もし妖怪がこれをやっているというのならば、この妖怪はなかなか根気があるものだ。一年三百六十五日、一日たりとも、この枕廻しを怠ることがない。よって今では慣れて、別に不思議にも思わなくなった。

朝、目が覚めて煙草を吸おうと思って、火のある煙草盆を、寝るときに足の方に置くと、翌朝は枕元にあって煙草を吸うのに都合がよい。考えてみればおかしな話だが、それも毎日のことになればおかしいとも思わない」と語ったという。

その後、同人の都合で米沢に帰ったあとは、またこの寺に住持もいなければ、寺守りをする者もいなくなった。

この寺は東向きに作られ、境内はそれほど広いとはいえないが、寺の後ろには最上川（昔の松川）が流れ、河岸は小笹の藪となり、村里から離れたこの禅寺は、瀬川の音と松吹く風のほかは寂寞《じゃくまく》として、心の耳を澄まして悟道徹底の智徳、ここに住すれば、さらに一段の妙境に入るべし。惜しむべきは、住持その人を得ず、いたずらに妖怪野狐《のこ》禅《ぜん》の巣窟となっていることだ。

大瀬村禅寺の妖怪のことは、諸方に伝わっている。これを聞いて好奇心がある者が、わざわざ訪ねて来ることがある。妖怪変化を退治しようなどと試みる者もいるが、その成果をもたらした者はいない。そのうち、二、三の主な話をここに掲げよう。これは、この禅寺の妖怪を研究するのに、従来の経歴を探ることが必要だからである。

　明治元年のこと、奥羽戦争まさにたけなわなる頃、米沢藩主上杉公は、佐幕党の一領袖《りょうしゅう》として官軍に抗し、その四境を固めるにあたって、兵を各地要所に派遣した。そのさい、西置賜郡荒砥《あらと》村（白鷹町）は西村山郡に接しているので、守兵として若干の兵士を派遣していたが、ここを守るのはただ守備の任だけなので、別に戦いもなく、長い間にわたって陣営にいた。

　ところが、この守兵の一部の長として来た米沢藩士桃井与橘という人、藩中での剣客であった。大瀬村禅寺の妖怪の話を聞き、「これはささやかなことのようで、そうではない。藩地にこのような変化《へんげ》が横行すると聞いていては、藩の武道の名折れにもなるので、退治してくれん」と、荒砥村の陣営からわざわざ大瀬村に出張した。村人にこのことを計ると、「それは願ってもない幸せ、なにとぞ妖怪を退治して下さい。我等もお手伝いをしましょう」と、村の組長をしている五十君《いそぎみ》吉之助氏が、村の若者七、八人とともに、その夜、桃井氏の妖怪退治の案内をして、各々棒・刀などを携えて禅寺へと赴いた。

　さて桃井氏が言うには、「このように大勢で寺内に入れば、妖怪は恐れて出てこないこともあるだろう。よって我一人が寺に入り、もし妖怪を退治しそこねたときは、皆も手伝ってくれ。妖怪にして姿さえ現われれば退治できないことはなく、おそらく狐狸のしわざだろう。真影流の皆伝を受けた我の腕には覚えがある。現を虚に尋ね、実を幻に求めて、一刀両断に討ち果たすのみ」と、人々を門前近くに待たせ、桃井のみ一人御堂に入った。

　如法の闇では便宜が悪いので、準備してきた大蠟燭をここかしこに灯し、御堂の玄関を開いて、退治の現場を遥かな応援者に見えるようにした。

　桃井氏は御堂の真ん中に座をしめ、嗜みの一刀を左に引きつけ、妖怪遅しと待っていた。待つことやや久しく、十時を過ぎ、十二時を過ぎ、はや午前二時近くになれば、山寺の物寂しく、ことに荒れ果てて妖怪が住むというのだから、更にいっそうの寂寞である。

　寺の後ろを流れる松川は、時に流水が石に当たって声高く、松吹く風の颯々《さつさつ》という音が千軍万馬の過ぎる音かと思われ、遠い寺の鐘が鎬々《こうこう》として、今や二時を告げたが、さらに妖怪が出る気配はない。

　桃井氏は待ちあぐんでいたが、天井でにわかに音がしたので、それ来たかと身構えたが、鼠などのしわざであろうか物音はやがて止んだ。またしても騙されたか、おいおい暁に近づき、妖怪はついに出なかったかと待ちくたびれて、腰に差した煙草入れを取り出して、煙草を吸っていた。

　これを遥かに見ていた村人らは、この様子を見て、皆が言うように桃井は剣道の達人だから妖怪も恐れて出てこないのだと言い合っていた。おりしも村人の一人が本堂の方を見張っていると、キッとなって刀を取り寄せ、鍔口を広げ、まさに妖怪に対するようだった。「それ見よ、皆の衆、変化が出たぞ」と騒ぐので、皆が本堂を見れば、桃井はいまや刀を半ば抜きかけたところで、バッタリとうつぶせになり、ウンウンうなっているようだ。

「妖怪が出たぞ、加勢に行こう」「いや、桃井様は決して来るなと行ったから、行くではない」「いや、旦那様はうつぶせになっているが、変化は何も見えないではないか。加勢に行くならおまえが行け」「我が行く」「いや、皆して行け」など、ひしめきあうが、五十君は若者を制して、「桃井様でかなわないものなら、我等の加勢も役には立たないだろう。まさかのときには呼びもされるだろう、見るように何も見えないならば、なすすべはないだろう。思うに桃井様も何かのご覚悟があって、ああしていらっしゃるかもしれず、今少し様子を見て、どうにかしよう」と言ったが、皆はそれに同意してしばらくあちらを見つめていたが、いつまでたっても桃井は起き上がらなかった。

「もしや居眠りをなされているのではないか」「いや、半分抜きかけて眠ってもいないだろう」「それなら打ち伏して、何をしているのだ」と、評議まちまちのところへ、桃井はガバッと起きて、こちらへ走って来た。

「旦那様、どうなされた」と、左右より問い掛けられた桃井は、ドッカと座り、「我等の力では、とてもかなわぬ」。

不思議なことに、これこそ妖怪のしわざだろう、本堂の天井を見ると、大きさ二メートルもあろうという女の首があり、髪の毛がこの首から垂れている。変化とはこれかと、刀を抜いて切ろうとしたとき、変化は電光石火、瞬く間に下りてきて、突然我らの襟首を押さえて、畳へグッとすりつけた。その大力は盤石もただならず、何度かはねかえされようとしたが、もがけばもがくほど力強く押しつけてきて、ちょっとだけでも動くかどうか。残念無念、我が武力が足りないことが、こうまで変化に侮られ、後れをとれば武道の運も尽きる。死すとも悔いなし。打ち返そうと焦っても、変化は千人力でもあろうか、少しも動かず、どうだどうだと笑っているようだ。

今ここで自分が死ぬと覚悟を決めて、はね返そうか、舌を嚙み切ろうか、と全身全霊の力を五体にためると、頭脳へ血が上り、しばし夢中となった。妖怪も力を緩めたのか、しばらくして苦もなく起きることができた。そのとき、すでに変化は見えなくなっていたので、走ってここに来たという。

村人はこの話にたまげて、旦那様さえかなわないものを、我らがどうしてかなうだろうか、困ったものだと嘆息するうちに夜はほのぼのと明けた。

こうして桃井氏は、無念に思ったが、この変化には勝てないと思ったのか、村人には面目ないがとても我が力では退治することは難しいと、翌夜再挙を計ることもなく、荒砥の陣営に帰られた。

　こうして、禅寺変化のことはさらに恐ろしいものとなり、のちには昼さえ寺に参詣する者がいなくなるようになった。

　ところが、明治二四年の冬、このあたりは数十年来の大雪で、同村の小学校は雪のために崩壊した。さいわいに、夜間のことで、教員・生徒は学校におらず、怪我人は一人もいなかったが、校舎が倒れたために授業ができなくなったので、一時、この禅寺を校舎とした。最初は生徒たちも恐れをなして登校しない者が多かったが、授業は昼間のことといわれ、教員も生徒に登校を勧めたので、のちには寺を恐れなくなった。

　その翌年、小学校の新築工事が終わるまで、ほとんど一年間校舎としたが、別に変異のことはなかったとのこと。学校が新築され、禅寺はまた無住となって、のち昼間も変化が出るなどと言われるようになり、ふたたび寺へ詣でる者はいなくなった。

　同様に翌二五年のこと、三旭楼旭麿という田舎廻りの壮士役者を座長にして、同郡宮駅で興行をしたが、旭麿が大瀬村禅寺の妖怪のことを聞いて、文明の今日、そのような変化の住むはずがない。もしあるとすれば狐狸の類だろう。我が行って退治してくれんと、わざわざ大瀬村に来て、やはり区長の五十君吉之助氏を訪ねて、妖怪のことを詳しく聞き、その夜、退治しようというので、五十君氏は「それはご苦労だが、桃井のような剣客でさえ退治できなかった変化ならば、なかなか難しいだろう」と言うと、旭麿は打ち消して「今は時代が違う。また、桃井とはどのような剣客かは知らないが、私にはまた私の考えがある。それぐらいの変化を退治するのに、刀を必要とすることはない。一本の鉄扇で十分に変化の頭を砕いてみせよう」と、たいへんに大きなことを言って、五十君氏方を出て行った。

　その夜、旭麿は旅館で二升ほどの酒を飲み、例の禅寺に行ったのだが、夜が更けても帰らず、翌朝になって悠然と帰って来た。人々が、「これはお手柄、変化も何も出なかったか」と問えば、「何も出てこない」という。「それはお手柄なことだ」と褒めたのに、かたわらから「旭殿は、酒に酔って寝ていたのではありませんか」と言われて、「いや、酒など酔うものか」と言う。

「そうであるならば、今夜、再び酒の力を借りずに、おいでなさい」と言われ、「いかにもそうだ」と、その夜また禅寺に行ったところ、夜半に恐れおののいて青くなって帰ってきた。詳しく聞くと、一個の入道が現われて相撲をとり、負けてなるものかと何度か力比べをしたが、ついにかなわなかったので逃げ帰ったと、手足や顔などに擦り傷をこしらえて、息も絶え絶えに語った。

思うに、前夜は酒に酔って暁方まで眠っていたが、翌夜は思うさま妖怪になぶられたとみえて、懲り懲りしたのであろう。宿の者は旭麿を介抱して薬などを与えたが、たちまち快気したとみえ、翌朝早く逃げるように出立した。その後は、妖怪退治をしようといって来る者はいない。

この二つの話は、禅寺妖怪についての主な話だが、村人が妖怪に出会って逃げ帰ったことなどは何度あったか知れない。そこで、米沢市の某氏は、この寺の変化について、妖怪学の看板をかけて研究しつつある井上円了氏に書面で質問したが、その答案はやはり疑問にて要領を得なかった。

今でも、まだ疑問であることに変わりはない。妖怪は、依然として出るという。

◎『都新聞』明治二九年八月一六・一八・一九・二〇日

人妻を悩ます淫魔

東京伝馬町牢屋敷神田福田町の棟梁何某の家に、毎夜十二時とも思えるころ、忽然と一人の真っ黒坊主が現われて、女房の夜着の側によっていやらしいことをし、頬や口などを舐め回す。その跡がぬめり生臭いので、女房がキャッと驚いて心身とも疲労して耐えられず、親類の家に泊まりにやったところ、その夜は何事もなかったので、もはや化け物

花源堂

は立ち去ったと、家に戻るとふたたび出る。

これはどうなることとか、大変なことと皆が寄って話し合い、狐狸のしわざかと、加持や祈禱に無駄に銭を費やすことになると、報知六六三号に記している。

◎『大阪日々新聞紙』第一三号

寺の妖怪を撃つ

山形県西置賜郡荒砥町（白鷹町）大瀬の宝蔵寺という廃寺に、妖怪が住んでいるということは、古来、世に知られたことで、二、三年前の本紙上にも、妖怪の模様より探検を企てた者がいたと報じたが、いまだに変化の正体を看破した者はおらず、いずれも妖怪に驚き苦しめられ、むなしく帰っていった。

先月から、またまた深夜になって人のいない荒れ寺の仏壇・客殿等に、すさまじい物音がするので、近隣の人は恐れていたが、同月二八日の未明にも怪しい物音の響きがあった。大瀬の猟師五十公野《いそみの》利吉という者が、妖怪変化を仕留めるといって猟銃を担ぎ、腰に野刀を差して、廃寺の裏手へ回って、寺の様子を窺うと、怪しい獣のようなものがいた。「妖怪め、目に物見せてくれる」と弾丸をこめて狙えば、どこかへ行ったのか影すら見えず、「逃げられたか、残念」と悔やめば、またも姿を現わし、そういうことが数回に及んだが、利吉は恐れ屈することなく、「どうしても射止めずにおくべきか」と身構えた。

さすがの妖怪も恐れたのか、正体を現わしヌグイ山へ飛んで行った。利吉はどこまでも跡を追い、ついに同山の芳沼という所で仕留めた。

我が家へ担いで帰ったが、この怪物は頭から尾までおよそ一八〇センチあり、獣でもなく鳥でもない一種異様な動物なので、学者の参考にもなるだろうと、近日、これを世人に見せるということだ。ヌグイ山にはこれまでも種々の怪異があり、炭焼き夫が大入道に悩まされたといえば、木樵《きこり》が深山幽谷で美人を見たなどの怪異を語る者がいたが、今後はそのような怪異もなくなるだろうと、人々は安堵している。

◎『都新聞』明治三二年一二月一三日

化かされ魚取らる

八丁堀の化け物といっても、チョイゴロ二貫の白首ではなく、正真正銘のお化けが現われるといって、同所の近辺はやかましい評判をなしている。

そのいわれを聞くと、京橋区新湊町《しんみなとちょう》（中央区湊）一丁目一番地先より同区船松町十四番地先の河岸で、先頃、夜釣りにでかけた人が、水のない所に降り立って、しきりに餌を掘っていると、向こうの河岸で「もしあなた、こっちにたくさんありますよ」と優しい声で呼ぶ者がいる。首をあげて見れば、夜目にもゾッとするほど艶やかな美人が一人、五十歳前後の婆さんと並んで、真っ白なすねを露わにして、浅瀬に立って手招きしている。

　助平根性ムラムラと起こり、「やあ、どうもありがとう、ご親切さまに」と、目尻を下げて、ご苦労にも尻をまくって徒渡《かちわた》り、臍《へそ》まで冷たい思いをしながら向こう河岸へ行くと、たちまち二人の姿は煙のように消えてしまった。尻についた水虫が、この鼻下長奴《びかちょうめ》がと皮肉に刺し回すばかり。

　アッとびっくり眉に唾、怖さと寒さが一緒になって、ガタガタと震えながら逃げ帰ったが、このようなことが時々あるので、釣りに行く人もなくなり、お化けが出るということだけが噂されるようになった。

　ところが、一昨夜、京橋区船松町十四番地の荷車挽き萩原忠吉（三十歳）が、日本橋で魚を買い入れ、荷車に乗せて帰宅の途中、右の河岸まで来ると、ゾッとしたかと思うと、たちまち自分の家の前に着いたので、我ながら恐ろしく早いことだと、魚を荷車から下ろして、ズカズカと家の中に入った。しかし、腰から下が何となく冷たいので、気をつけてみると、どうしたことか自分の家と思ったのが、実は川の中に半身を浸してズブズブと歩いていた。肝を潰してかろうじて河岸へと這い上がったが、手に提げた魚がいつの間にかなくなっているので、さては一杯担がれたと身震いをしながら帰宅して、この話をすると、近所の人は恐ろしがって夜分の外出をしなくなったほどだ。

◎『都新聞』明治三三年一一月二一日

迷惑な山の神

甲州南都留《みなみつる》郡福地《ふくち》村（富士吉田市）の山口何某の養子滝次郎は、去る九日の朝早く、いつものように薪を取りに近くの山に入ったが、昼食にも帰らず、日が暮れても音沙汰がなかった。養父は深く心配して、滝次郎の実の兄である儀助を呼んで、相談のうえ、ともに捜しに行こうとしたそのとき、家の裏手にドッサリという地響きがして、何ごとだろうと灯をともして、両人一緒に出てみれば、滝次郎が山のような量の薪を背負ったまま気絶していた。養父も兄も驚いて、顔に水を注ぎかけるなどして、騒いでいるのを聞きつけて近所の人もかけつけた。

やがて家に抱き入れて、いろいろ介抱をしたおかげで滝次郎は正気づき、養父がどうしたわけかと問い懸けると、吐息をつきつき、滝次郎はあたりを静かに見廻して、「ここは家でありましたか。妙とも不思議とも譬えようもない、山でのお話を一通り聞いて下さい。今日もいつもの山へ登り、薪を一背負い拵《こしら》えて、いっぷく吸っているところに、さっと吹いて来る山おろしが梢を鳴らしたと思う間に、どこから来たのか怪しげな白髪の老人が、白衣を着て、白馬に乗って、私の前に現われた。びっくりはしたけれど、弱味は見せまいと平気な顔で、『汝は狐狸の類

であろうが、我は扶桑教会の者にて、年来、神に仕える身なれば、おまえらの自由になるものか』と、からからと笑った。
　その老人も笑いながら、そろそろと馬から下りて、『思ったよりも面白い男だ。今から私と遊べ』というので、『いや、木を切るのが我の稼業、遊んでいる間があるものか』と断った。しかし、老人はきかず、『決して稼業の邪魔はしない。帰るときには一倍の（二倍の）薪を持たせてやるから、

斧などはそこに置いて、ぜひぜひ、私と一緒に……』と引っ張られた。

いやとも言えずに尻について行くと、翁も馬を乗り捨て、剣《つるぎ》のようにそばだった岩の角を、ものともせずに飛ぶようにして走った。私は追いつけずに歩くのを見返って、このように手間取ってはならないからと辞退するのを聞き入れず、背中を向けて私を背負い、一目散に峰へ登れば、異木奇石がいろいろある天然の風景は目を驚かすばかりでした。

そこに見馴れないいでたちをした二人の男が待ち受けて、老人に礼をすれば、老人もまた会釈して、『今日は珍客を連れて来たので、何か面白い遊びをしよう。幸いあそこによい木があるので』と、老人が一番に一抱えもある大木を、何の苦もなく倒したら、ほかの二人も負けじとねじ切ったり引き抜いたりして、谷底に投げ込んだ。

私が舌を巻いて見物していると、『お前もこの木を力試しにやってみろ』と老人に言われ、『なかなかそれは』と尻込みするのを、ぜひにとその木を抱えさせられ、老人が力を添えると訳もなく引き抜けた。いよいよ不思議と思っているうちに、日も傾いたので、驚いて老人に向かって、私は留守に七十歳余りになる養父を残しているので、もうおいとましますと言い出すと、老人は頷いて、『思わず遊び過ぎた。さぞかし腹が空いたであろう』と、麻袋に入っていた団子を三つくれたのを、二つ食べて一つを残すと、また老人が私を背負って、もとの場所へ連れ帰り、約束だからといって、背負いきれないほどの薪を取ってくれた。

　それから、私の手を引いて切り立った崖の広い場所に行き、谷へ突き落とされたまでは覚えていたが、気を失って、その後のことは知らなかったが、この裏へ落とされたのか」と、息をつきつき話しながら、懐中を探って、麻袋の底に残った団子を出して見せると、養父をはじめ聞いていた人々は、いずれも奇異の思いがした。

　妙なことには、滝次郎はその後、別間に籠もって、婦人は不浄だといって近づけず、ただただ疲れ果てた様子で寝てばかりいるのを、ほかから聞いたと芝の扶桑教会の生徒からお知らせがあった。あまりに奇妙な話なので、愚昧な記者には何とも判断がつきません。

◎『東京絵入新聞』
明治一三年一〇月二六日

埼玉県の天使

　埼玉県榛沢《はんざわ》郡岡部村大字岡部（深谷《ふかや》市）にある正明寺の住職若守孝嶽（四九歳）は、年若き頃に女犯の罪により罰せられ、上州《じょうしゅう》岩鼻《いわはな》（高崎市）にて三日間、裸で晒されたことがあり、これを悔いて陰茎を切断し、難行苦行を重ねて仏道を修め、武州入間《いるま》郡の某寺の住職となった。

　その後、官林伐採の件で浦和県庁へ召喚され、このためいったんは宗派を離れたが、組寺・法類の周旋で、ついに前記の正明寺の住職となった。

陰茎切断の跡にはイボのようなものが二個生じ、成長して八分ほど陰茎の形になった。はじめは怪しく思っていたが、別に邪魔にもならないので、そのままに捨て置いた。

明治五年になって僧侶の肉食・妻帯が許されたので、勝手向きなどの世話をさせようと、去る十一年中に尼にて蓄髪した者を妻に迎え、

名をちょう（三八歳）と呼んだ。不思議なことに、ちょうは昨年五月に懐妊して、去る十三日に分娩したが、その五体は満足で異なることはないが、ただ両肩に図のような九センチほどの羽が生え、魚のヒレのようで、色は灰色にて黒白の斑文がある。母子ともに、現在も壮健だという。

◎『萬朝報』明治二六年三月一七日

■コラム4

著名人の怪異体験

明治時代の怪異や妖怪記事の末尾に井上円了《いのうええんりょう》に聞いてみたいなどと書かれているものがある。円了は妖怪研究のパイオニアとして当時からよく知られていたのだ。しかし、円了は研究家であり、怪異体験に遭遇したことで登場しているわけではない。いっぽうで各界を代表する人物が不思議な体験をしたという記事もみられるが、こうした話題は読者にとっても興味深いもので、読みごたえ十分だったに違いない。新聞社もそのあたりを狙って著名人の体験を取り上げたのだろう。いずれにしても私たち現代人にとっても歴史上の人物といえるような人たちの怪異との遭遇を記録した記事は興味が尽きない。

イギリス皇太子の読心術体験（次頁の図）（明治四二年五月一七日『神戸又新日報』）、乃木大将が学習院の生徒に話した二つの怪異体験談（明治四二年八月一一日『紀伊毎日新聞』）、与謝野鉄幹、馬場孤蝶、鈴木鼓村、小栗風葉らの怪異譚（明治四二年一〇月四〜八日『沖縄毎日新聞』）、本多静六の臨死体験（明治四三年四月一四日『沖縄毎日新聞』）、川上音二郎の亡霊に悩まされる伊井蓉

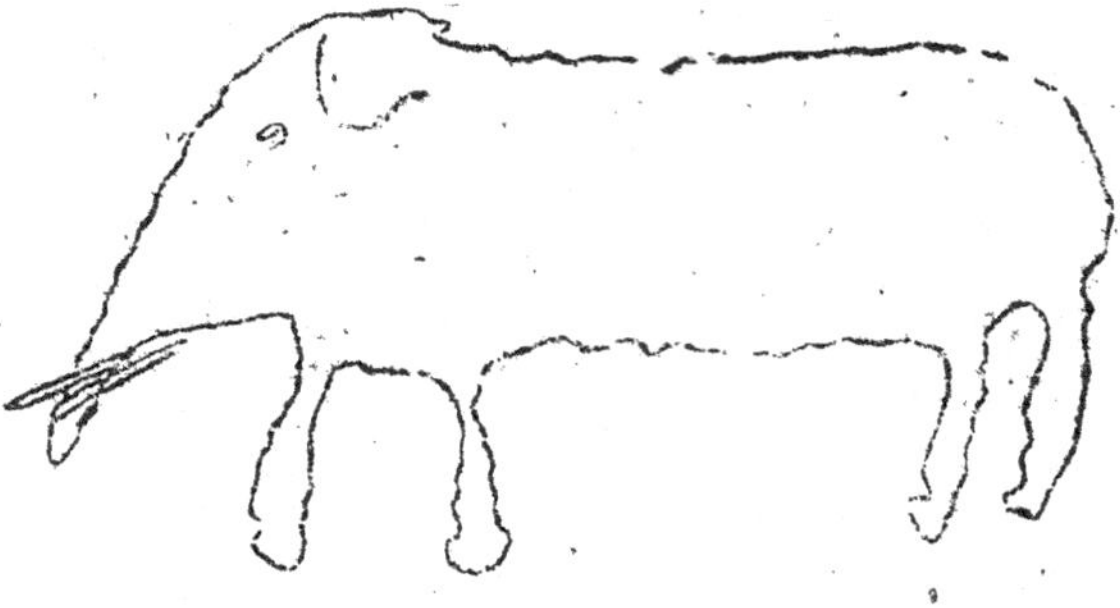

讀心術思想の映畫

峰（明治四四年一一月一八日『東京朝日新聞』）、ロシア皇帝が見た先帝の幽霊（明治四五年四月九日『松陽新報』）など、日本国内に留まらず海外からの話題も掲載されている。そんな中から二つほどを紹介したい。

一つは明治四二年八月一三日から三回にわたって『鎮西日報』に連載された宮崎滔天、康有為、梁啓超らが体験した旅館での怪異談である。所は麹町《こうじまち》平河町《ひらかわちょう》の三橋という旅館の二階八畳間。もともと三橋は夜な夜な不思議なことが起こると噂の高かった旅館だったが、ここは外務省に関係ある人たちがしばしば利用することもあって宮崎らが宿泊したのだ。宮崎は二階八畳間で怪異が起ることを知らず、酒席を終えてこの座敷で寝入ったところ、眠いのに何度も若い女に起こされてうるさいと思いながら寝ていると、やがて隣室から笑い声が聞こえ、「宮崎、貴様もやられたな」といいながら、同宿の者たちが入ってきた。彼らは八畳間の怪異を知っており、宮崎も不思議な夢をみるに違いないと確信して隣室から様子を窺っていたところ、呻き声をあげたので起こしにきたのだ。宮崎を何度も起こしにきた女は夢だったのである。その後、この座敷に寝ると誰もが不思議な夢をみることを聞かされた宮崎は他の人を寝かせたり、自ら何回も八畳間で寝ると、そのたびごとに必ず悪夢を見ることを確認した。その夢も、天井から牛肉が垂れ下がってくるといった荒唐無稽なものから大入道が現われるものまでさまざまであった。あまり不思議な出来事なので宮崎は事あるごとに三橋の二階八畳間の怪異を話しているとのことで、『鎮西日報』の記事も宮崎から直接聞いたことを記事としている。三橋はこの記事が載った数年前に火事で焼失してしまったが、その怪異はしばらくの間、人々の記憶に焼きついていたようである。

いま一つは尾上菊五郎の体験を記した明治四四年五月二五日の『東京日日新聞』の記事だ。それによると常日頃から川崎大師を信仰していた菊五郎だった

消《き》え失《う》せん
夢々疑ふ事勿れ」と云《い》かふと
思《おも》へば目は覚めたり 不思議《ふしぎ》
の事《こと》もあるものかなと 優《いう》は
其《そ》の儘縁側《まゝえんがは》に 出顔《いでかほ》を洗《あら》はん
と下女《ひじよ》を呼《よ》べば水は持ち来らずして 恭《うやうや》しく煮小
豆を捧《さゝ》げ 勿体《もつたい》らしく薦めるに何《ど》うした事《こと》かと尋
ぬれば先刻《せんこく》の申付《まをしつ》けに 急《いそ》いで煮《に》て参りましたと
あるオヤ〳〵 云附《いひつ》けた覚《おぼ》えはないが 扨《さて》は夢の
お告《つげ》が實現《じつげん》したのか 之《こ》れ畢に大師《だいし》の御利益と三
拜九拜《はい》して口を嗽《すゝ》いで 煮小豆を食し悉皆退散な
三度唱《みたびとな》へだれば氣も清々《せいせい》したるに 直《す》ぐ塾内の
大《だい》五郎其の他《た》の若者を引連《ひきつ》れ 川崎大師《かはさきだいし》に参詣《さんけい》し
御禮詣《おれいまゐ》りやら災厄消滅請願成就の新願《しんぐわん》やらして
優《いう》は之《これ》より 毎年《まいねん》五月十七日を以《もつ》て煮小豆日と稱
し早朝小豆を食《しよく》して参詣《さんけい》するを吉例《きつれい》とし 大師《だいし》の
功徳《くどく》を忘《わす》らんと誓《ちか》へる由煮小豆だけに 甘味々々

が、ある日、大師様が夢にあらわれて鳩杖で菊五郎の頭をコツコツと叩きながら、「命を奪うような災厄が降りかかろうとしているが、それを除くために明日は小豆を煮てたべるように」とのお告げがあった。翌朝、顔を洗おうと下女を呼ぶと水を持って来ずに煮小豆を持って来たので、その理由を聞くと先刻の申しつけで急いで小豆を煮てまいりましたとの故。頼んだ覚えもないのにこうしたことがあるのはまさしく大師様のご利益に違いないと菊五郎は有難く煮小豆を食し、弟子たちを連れて川崎大師に参詣し、以後、夢のお告げのあった五月一七日には毎年必ず煮小豆を食してから参詣するということを吉例としているとのことである。

著名人の怪異談は人気があったのだろう。『都新聞』は明治四二年八月二七日から一〇月二七日まで五〇回にもわたって「役者の怪談」を連載しているほどだ。九月二九日の第二六回には坂東三津五郎が若いころに松本順の大磯の別荘に行ったときの体験が載っている。松本を訪ねてきた女性が暫し席を外したがなかなか戻ってこないので、三津五郎をはじめ、皆が捜していると電報が届き、先ほどまでいた女性が千葉の実家で死亡したとの報に接したのだ。この女性は大磯で松本の治療を受けながら療養していたが回復したので千葉へ戻っていったのである。松本は女性が訪ねて来たので部屋に上げ、その女性を三津五郎らも目撃したのだが、実は女性は遠く離れた千葉の地で今わの際だったのだ。

また、一〇月二一日の第四六回には曾我廼家五郎の怪異体験が載っている。彼が若いころに、柳の下で客待ちをしている車夫にしつこく乗車を誘われ、「うるさい」と怒鳴って振り向くと車夫はのっぺらぼうだった。驚愕して交番に駆け込み、近所の若者と現場に戻ると自分の投げ出した弁当箱だけがあり、その中は空っぽだった。曾我廼家五郎は狢《むじな》か狐の仕業だったろうと結んでいる。

こんな話が数々と続き、読者を惹きつけていったのだろう。

帝《てい》都《と》妖《よう》怪《かい》新《しん》聞《ぶん》

湯《ゆ》本《もと》豪《こう》一《いち》＝編

平成23年 8月25日　初版発行
令和7年 1月10日　4版発行

発行者●山下直久

発行●株式会社KADOKAWA
〒102-8177　東京都千代田区富士見2-13-3
電話　0570-002-301（ナビダイヤル）

角川文庫 16904

印刷所●株式会社KADOKAWA
製本所●株式会社KADOKAWA

表紙画●和田三造

●お問い合わせ
https://www.kadokawa.co.jp/（「お問い合わせ」へお進みください）
※内容によっては、お答えできない場合があります。
※サポートは日本国内のみとさせていただきます。
※Japanese text only

ISBN978-4-04-409441-6　C0195

角川文庫発刊に際して

角川源義

第二次世界大戦の敗北は、軍事力の敗北であった以上に、私たちの若い文化力の敗退であった。私たちの文化が戦争に対して如何に無力であり、単なるあだ花に過ぎなかったかを、私たちは身を以て体験し痛感した。西洋近代文化の摂取にとって、明治以後八十年の歳月は決して短かすぎたとは言えない。にもかかわらず、近代文化の伝統を確立し、自由な批判と柔軟な良識に富む文化層として自らを形成することに私たちは失敗して来た。そしてこれは、各層への文化の普及滲透を任務とする出版人の責任でもあった。

一九四五年以来、私たちは再び振出しに戻り、第一歩から踏み出すことを余儀なくされた。これは大きな不幸ではあるが、反面、これまでの混沌・未熟・歪曲の中にあった我が国の文化に秩序と確たる基礎を齎らすためには絶好の機会でもある。角川書店は、このような祖国の文化的危機にあたり、微力をも顧みず再建の礎石たるべき抱負と決意とをもって出発したが、ここに創立以来の念願を果すべく角川文庫を発刊する。これまで刊行されたあらゆる全集叢書文庫類の長所と短所とを検討し、古今東西の不朽の典籍を、良心的編集のもとに、廉価に、そして書架にふさわしい美本として、多くのひとびとに提供しようとする。しかし私たちは徒らに百科全書的な知識のジレッタントを作ることを目的とせず、あくまで祖国の文化に秩序と再建への道を示し、この文庫を角川書店の栄ある事業として、今後永久に継続発展せしめ、学芸と教養との殿堂として大成せんことを期したい。多くの読書子の愛情ある忠言と支持とによって、この希望と抱負とを完遂せしめられんことを願う。

一九四九年五月三日

角川ソフィア文庫ベストセラー

新編 日本の怪談

ラフカディオ・ハーン
池田雅之＝編訳

「耳無し芳一」「ちんちん小袴」をはじめ、ハーンが愛した日本の怪談を叙情あふれる新訳で紹介。ハーンによる再話文学の世界を探求する決定版。

新編 日本の面影

ラフカディオ・ハーン
池田雅之＝訳

ハーンの代表作『知られぬ日本の面影』を新訳・新編集した決定版。「神々の国の首都」をはじめ、日本の原点にふれ、静かな感動を呼ぶ11篇を収録。

新版 遠野物語 付・遠野物語拾遺

柳田国男

日本民俗学を開眼させることになった「遠野物語」。民間伝承を丹念にまとめた本書は、日本の原風景を描き出し、永遠に読み継がれるべき傑作。

改訂版 雨月物語 現代語訳付き

上田秋成
鵜月洋＝訳注

江戸期の奇才上田秋成の本格怪異小説。古典作品を典拠とした「白峯」「菊花の約」「浅茅が宿」など九つの短編で構成。各編あらすじ付き。

曾根崎心中 冥途の飛脚 心中天の網島 現代語訳付き

近松門左衛門
諏訪春雄＝訳注

元禄十六年の大坂で実際に起きた心中事件を材にとった「曾根崎心中」ほか、極限の男女を描いた近松門左衛門の傑作三編。各編「あらすじ」付き。

新版 おくのほそ道 現代語訳／曾良随行日記付き

潁原退蔵・尾形仂＝訳注

蕉風俳諧を円熟させたのは、おくのほそ道への旅である。いかにして旅の事実から詩的幻想の世界を描き出していったのか、その創作の秘密を探る。

新版 日本永代蔵 現代語訳付き

井原西鶴
堀切実＝訳注

市井の人々の、金と物欲にまつわる悲喜劇を描く、江戸時代の経済小説。読みやすい現代語訳、詳細な脚注、各編ごとの解説などで構成する決定版！

角川ソフィア文庫ベストセラー

シリーズ江戸学
江戸に学ぶ「おとな」の粋
神崎宣武
不粋、野暮を嫌う大人ぶりを理想とした江戸っ子。現代では忘れられたその処世の法を、信心、願掛け、旅、おしゃれ、遊びなどの「粋」に学ぶ。

シリーズ江戸学
旗本たちの昇進競争 鬼平と出世
山本博文
絵・黒鉄ヒロシ
民衆の評判もよく、経験も実績もあった長谷川平蔵が、町奉行になれなかった理由は何だったのか。ライバル多き旗本たちの昇進競争の裏側に迫る。

シリーズ江戸学
江戸の金・女・出世
山本博文
絵・黒鉄ヒロシ
ローンを抱えた武士たちの奮闘ぶり、意外と高額だった大奥女中の給料や美人になるための化粧法など、知らなかった江戸の素顔がみえてくる。

シリーズ江戸学
知っておきたい江戸の常識 事件と人物
大石学編
関ヶ原の戦いは豊臣方同士の合戦だった？ がんじがらめの武家社会でもヘッドハンティングがあった？ これまでの常識が変わる江戸の真実満載！

新版 禅とは何か
鈴木大拙
国際的に著名な宗教学者である著者が自身の永い禅経験でとらえ得た禅の本質をわかりやすい言葉で語る。解説＝古田紹欽・末木文美士

新版 福翁自伝
福沢諭吉
昆野和七校訂
独立自尊の精神を貫き通す福沢諭吉の自叙伝。抜群の語学力で文明開化を導く一方で、勇気と人情に溢れた愉快な逸話を繰り広げる。解説・平山洋

論語と算盤
渋沢栄一
経営は道徳と合一すべきである。日本実業界の父渋沢栄一が成功の秘訣を語った企業モラルの不滅のバイブル、経営人必読の名著。解説・加地伸行

角川ソフィア文庫ベストセラー

地名のたのしみ
歩き、み、ふれる歴史学
服部英雄

現地に足を運び、地元で地名を聞く。聞き取った地名を地図に落とし、その土地に関わる生活を叙述する。待望のコンパクト版地名研究入門書！

氷川清話付勝海舟伝
勝海舟
勝部真長 編

幕末維新の功労者で生粋の江戸っ子・海舟が、自己の体験、古今の人物、日本の政治など問われるままに語った明晰で爽快な人柄がにじむ談話録。

山岡鉄舟の武士道
勝部真長 編

幕末明治の政治家であり剣・禅一致の境地を得た剣術家であった鉄舟が、「日本人の生きるべき道」としての武士道の本質と重要性を熱く語る。

死なないでいる理由
鷲田清一

〈わたし〉が他者の宛先でなくなったとき、ひとは〈わたし〉を喪う。存在しなくなる。そんな現代の〈いのち〉のあり方を滋味深く綴る哲学エッセイ。

知っておきたい「お金」の世界史
宮崎正勝

コインから電子マネーまで。株の出現で加速した投資と投機。地球規模で連動する通貨と世界経済システムなど、マネー資本主義の仕組みがわかる。

知っておきたい「酒」の世界史
宮崎正勝

ウイスキーなどの蒸留酒は、9世紀イスラームの錬金術からはじまった？　世界をめぐるあらゆる酒の意外な来歴と文化がわかる、おもしろ世界史。

「旬」の日本文化
神崎宣武

初鰹に土用のウナギ。日本人は「旬」という豊かな季節感をはぐくんできた。まつりや行事に映る多様な「旬」を文化として民俗学的に読み解く！

角川ソフィア文庫ベストセラー

知っておきたい
「食」の世界史
宮崎正勝
私たちの食卓は、世界各国からの食材と料理にあふれている。それらの意外な来歴、食文化とのかかわりなどから語る、「モノからの世界史」。

知っておきたい
「食」の日本史
宮崎正勝
豆腐料理が大変身したおでん、イスラームの菓子だったがんもどき。世界史を専門とする著者が描く、「食」にまつわるとっておきの面白日本史。

知っておきたい
「味」の世界史
宮崎正勝
人の味覚が世界の歴史を変えてきた！　古代は砂糖の甘味、大航海時代にはスパイスやコーヒーなどの嗜好品、近代はうま味が世界史を動かした。

知っておきたい
マルクス「資本論」
神津朝夫
金融危機と世界不況。今日の世界経済破綻の危機はどうして起きたか。資本主義経済の仕組みが手にとるようにわかるマルクス「資本論」入門。

知っておきたい
わが家の宗教
瓜生中
仏教各派・神道・キリスト教の歴史や教義など、祖霊崇拝を軸とする日本人の宗教をわかりやすく説き起こす。葬儀や結婚など、実用的知識も満載。

知っておきたい
世界七大宗教
武光誠
キリスト教、イスラム教、仏教、ユダヤ教、道教、ヒンドゥー教、神道。世界七大宗教の歴史、タブーや世界観の共通点と違いがこの一冊でわかる！

知っておきたい
日本のご利益
武光誠
商売繁盛、学業成就、厄除け、縁結びなど、霊験あらたかな全国の神仏が大集合。意外な由来、祈願の仕方など、ご利益のすべてがわかるミニ百科。

角川ソフィア文庫ベストセラー

知っておきたい 日本のしきたり　武光　誠

なぜ畳の縁を踏んではいけないのか。箸の使い方や上座と下座など、日常の決まりごとや作法として日本の文化となってきたしきたりを読み解く。

知っておきたい 日本の県民性　武光　誠

すべての県民にはあてはまらないけれど、確かにある県民性。古代からの歴史や江戸時代の藩気質の影響など、そのナゾの正体がわかる納得の1冊。

知っておきたい 日本の皇室　皇室事典編集委員会監修

身近な暮らしの話題をはじめとして、皇室の歴史・ご公務・儀式・慣習などを、問答形式でわかりやすく紹介。日本の歴史も学べる皇室ミニ百科。

知っておきたい 日本の神様　武光　誠

ご近所の神社はなにをまつる？　代表的な神様を一堂に会し、その成り立ち、系譜、ご利益、信仰のすべてがわかる。神社めぐり歴史案内の決定版。

知っておきたい 日本の神話　瓜生　中

「アマテラスの岩戸隠れ」など、知っているはずなのに意外にあやふやな神話の世界。誰でも知っておきたい神話が現代語訳ですっきりわかる。

知っておきたい 日本の仏教　武光　誠

いろいろな宗派の成り立ちや教え、仏像の見方、仏事の意味などの「基本のき」をわかりやすく解説。日常よく耳にする仏教関連のミニ百科決定版。

知っておきたい 日本の名字と家紋　武光　誠

約29万種類もある多様な名字。その発生と系譜、分布や、家紋の由来と種類など、ご先祖につながる名字と家紋のタテとヨコがわかる歴史雑学。